Laura Fröhlich
DEIN WORKBOOK

Laura Fröhlich

Dein WORK BOOK

Die Frau fürs Leben ist
nicht das Mädchen für alles

Kösel

Hinweise

Die Ratschläge/Informationen in diesem Buch wurden von Autorin und Verlag sorgfältig erwogen und geprüft, jedoch kann eine Garantie nicht übernommen werden. Eine Haftung der Autorin beziehungsweise des Verlages und seiner Beauftragten für Personen-, Sach- und Vermögensschäden ist ausgeschlossen.

Sollte diese Publikation Links auf Webseiten Dritter enthalten, so übernehmen wir für deren Inhalte keine Haftung, da wir uns diese nicht zu eigen machen, sondern lediglich auf deren Stand zum Zeitpunkt der Erstveröffentlichung verweisen.

Der Mental-Load-Test wurde von Laura Fröhlich in Zusammenarbeit mit Mathilde van Haperen und Stefanie Mädel entwickelt. Die Übungen des Workbooks wurden von den Psychologinnen geprüft und ergänzt.

Mathilde van Haperen, Psychologin und Systemische Therapeutin, arbeitet hauptberuflich als klinische Psychologin in einer Reha-Klinik. Darüber hinaus berät sie Einzelpersonen, Paare und Familien in eigener Praxis und bietet Vorträge und Seminare an. Ihr Arbeitsschwerpunkt liegt auf den Auswirkungen mentaler Belastungen auf das Stresserleben und Stressbewältigungsmechanismen.
www.mathilde-van-haperen.de

Stefanie Mädel, Psychologin, arbeitet freiberuflich im betrieblichen Gesundheitsmanagement als Trainerin für gesunde Führung. Sie ist Lehrbeauftragte an verschiedenen Hochschulen und engagiert sich als Mentorin für Absolventinnen der Universität Konstanz. Darüber hinaus bietet sie vielseitige Vorträge und Workshops zum Umgang mit Stress an.
www.traent.de

Penguin Random House Verlagsgruppe FSC® N001967

Copyright © 2022 Kösel-Verlag, München,
in der Penguin Random House Verlagsgruppe GmbH,
Neumarkter Str. 28, 81673 München
Umschlaggestaltung: Weiss Werkstatt München
Umschlagmotiv: © Laura Fröhlich
Innenteilabbildungen: © stock.adobe.com: Hintergründe: (paladin1212); (mejorana777); Praxis-Element (nonohana); Pin-Element (ちーぼう); Impuls-Element (zsooofija); Punkte-Kreis (KatyaKatya); Tipp-Element (nonohana); figürliche Illustrationen: 5, 7, 9, 13, 15, 21, 23, 26, 28, 30, 35, 36, 39, 44, 46, 49, 55, 57, 59, 72, 75, 81, 85, 87, 90, 92, 93, 95, 97, 100, 102, 104, 107, 109, 111, 113, 114, 118, 121, 123, 125, 129, 137, 139, 147, 153, 156 (Huza Studio)
Redaktion: Dr. Diane Zilliges
Satz und Gestaltung: WER:BEN, München
Druck und Bindung: PBtisk, a.s., Příbram
Printed in the Czech Republic
ISBN 978-3-466-31178-1
www.koesel.de

Inhalt

Einführung. Ziehst du dir auch immer den Schuh an? — 8

Du & der Mental Load. Bestandsaufnahme — **13**
  Wie geht's dir gerade? — 14
  Weg mit dem Mythos! Mal dir dein eigenes Mutterbild — 26
  Deine inneren Quälgeister — 50
  So much Work to do! Was (be-)arbeitest du alles? — 66
  Zusammenfassung — 77

Be a dreamer! — **81**
  Wo möchtest du hin? — 82
  Zusammenfassung — 94

Schlag eine neue Richtung ein! — **95**
  Mach's dir leichter! — 96
  So baust du dir dein Netzwerk auf — 107
  Mental Load in der Partnerschaft ansprechen — 102
  Zusammenfassung — 119

Mit der Mental-Order-Methode raus aus der Mental-Load-Falle — **121**
  Raus aus dem Kopf mit all den To-dos! — 122
  Erster Schritt: Sammeln und sortieren (wirklich alles!) — 123
  Zweiter Schritt: Priorisieren und Reduzieren — 131
  Dritter Schritt: Organisieren und Verantwortung verteilen — 138
  Vierter Schritt: Check-up und Küchenmeeting — 143

Schlusswort — 154
Hilfreiche Websites und Adressen — 158
Anmerkungen — 160

MEIN MENTAL-LOAD-WORKBOOK

Name:

ZUSAMMEN GEGEN

Mental Load

Einführung.
Ziehst du dir auch immer den Schuh an?

Ich bin eine Mental-Load-Expertin, weil ich selbst betroffen war. Vor ein paar Jahren arbeitete ich vormittags als selbstständige Journalistin und kümmerte mich nachmittags um unsere drei Kinder. In dieser Zeit kreiste mein Gedankenkarussell von morgens bis abends und ich hatte eine unendliche Anzahl an To-dos im Kopf, an die ich pausenlos denken musste. Ich organisierte laufend unsere Familie, hatte Haushaltspflichten und Einkaufslisten auf dem Schirm, kümmerte mich um Kindergarten, Ferienbetreuung und Geburtstage und versuchte, von der Schultüte meines Sohnes über den Oster-Hefezopf alles selber und vor allem richtig zu machen. So kam es, wie es kommen musste: Ich wurde immer erschöpfter, gereizter und hatte wenig Freude im Alltag. Mein Problem war neben der Überlastung durch zu viele To-dos und das »An-alles-denken-Müssen« ein völlig überfrachtetes Mutterbild und unglaublich hohe Erwartungen an die Qualität meiner Sorgearbeit. Wie viele andere Frauen entwickelte ich einen Perfektionismus, der durch die Angst, eine schlechte Mutter zu sein, laufend wachgehalten wurde. Mir ging es wie Tausenden von Müttern. Sie fühlen sich für die Familienorganisation weitgehend allein verantwortlich. Sie denken an Arzttermine, neue Turnschuhe und Winterjacken, sie registrieren, dass die Zahnpasta bald alle ist und das Kind dringend zum Kieferorthopäden muss.

Wir sprechen bei diesem Phänomen von Mental Load – und der entsteht vor allem durch Care-Arbeit. Wer sich um andere sorgt, hat selten Feierabend, denn ältere, kranke oder kleine Menschen sind auf unsere Unterstützung angewiesen. Diese Arbeit ist im privaten Umfeld unbezahlt und unsichtbar – kein Mensch nimmt sie bewusst als Tätigkeit wahr. Weil viele Mütter länger Elternzeit nehmen als Väter und später eher in Teilzeit erwerbstätig sind, übernehmen sie einen Großteil der Care-Arbeit. Und wer oft zu Hause ist, wird immer kompetenter in Sachen Kinder, Küche und Kalender und irgendwann

verlassen sich alle auf diese eine Person. Das betrifft alleinerziehende Mütter natürlich in ganz besonderer Form.
Mental Load macht müde, manchmal krank, es macht wütend und es raubt unendlich viel Kraft. Fehlender Lohn und Verzicht auf Karriere ziehen finanzielle Abhängigkeit und damit auch ein Armutsrisiko nach sich. Und es fehlt etwas ganz Wichtiges: Raum für eigene Wünsche, Träume und Hobbys.

Was dir dieses Workbook bietet

Vielleicht habe ich es meiner Neugier als Journalistin zu verdanken; jedenfalls fing ich an zu recherchieren, als ich auf das Konzept Mental Load stieß. Dabei begann ich, mich mit mir selbst auseinanderzusetzen, mit meinem Mann das Mental-Load-Problem zu besprechen und mit ihm gemeinsam Lösungen zu finden.

Stell dir vor: Es hat sich wirklich etwas verändert! Wir haben Aufgaben umverteilt und uns neu organisiert. Vor allem aber habe ich gelernt, meine eigenen Ansprüche an mich als Mutter zu überdenken, Verantwortung abzugeben und die Überlastung zu mindern.

Bei der Verwendung von geschlechtsspezifischen Begriffen sind im Sinne der Gleichbehandlung ausdrücklich alle Geschlechter gemeint.

Warum aber rutschen wir überhaupt hinein in Mental Load? Du, ich und viele andere Frauen wurden so sozialisiert, dass wir nicht anders können, als uns für die Care-Arbeit im privaten und sogar im beruflichen Umfeld verantwortlich zu fühlen. Wir übernehmen ungefragt all die Aufgaben, durch die andere versorgt sind oder sich besser fühlen, und engagieren uns noch darüber hinaus. Aber in diesem Maß und in dieser Selbstverständlichkeit muss das aufhören, denn du hältst dieses Workbook sicher nicht ohne Grund in der Hand. Vermutlich fühlst du dich einfach nur erschöpft und hast dich oft gefragt, wie du aus dem Hamsterrad rauskommst, wie du endlich einmal Ruhe in den Kopf bringst und Aufgaben reduzieren, abgeben oder auslagern kannst. Ich habe mit diesem Workbook eine Schritt-für-Schritt-Anleitung für dich entwickelt, die mit Übungen über die Inhalte meines Ratgebers hinausgehen. *Die Frau fürs Leben ist nicht das Mädchen für alles* war ein guter und hilfreicher Schritt für viele Leserinnen, aber es braucht mehr als die reine Information. Denn Veränderungen in den Alltag zu integrieren ist oft die größte Herausforderung. Wie man der eigenen mentalen Belastung auf den Grund geht und die Ursachen findet, um den Mental Load im nächsten Schritt zu reduzieren, möchte ich dir in diesem Workbook ganz praktisch zeigen.

The person you have called is mentally not available

Im ersten von vier Teilen geht es zunächst einmal darum, deine Situation zu analysieren und die hohen Ansprüche infrage zu stellen, die an Mütter gerichtet werden. Wir malen zusammen ein neues Mutterbild, das besser zu dir passt. Im zweiten Teil kannst du herausfinden, welche Wünsche und Ziele du für die Zukunft hast, und was du brauchst, um weniger mental belastet zu sein. Im dritten Teil werden wir konkret die Richtung wechseln. Mit Übung, Geduld, Zeit und dich unterstützenden Menschen kannst du ein Stück der Last abwerfen und auch deine Denk- und Verhaltensmuster verändern. Im vierten Teil schaffen wir ein neues Ordnungssystem – mithilfe der von mir entwickelten Mental-Order-Methode, kurz: M.O.M. Ich zeige dir, wie du dir dein eigenes System aufbaust, das dir ermöglicht, den Kopf freizubekommen. Ich habe das Workbook so geschrieben, dass sich alle Frauen angesprochen fühlen, egal ob sie in einer Beziehung leben oder nicht. Wichtig ist für Frauen, die sich mit Partner oder Partnerin einen Haushalt teilen, das Ordnungssystem unbedingt zu zweit aufzubauen. Mit M.O.M. hast du einen Werkzeugkasten, mit dem du deine To-do-Listen reduzierst und lernen kannst, loszulassen. Außerdem findest du im Buch überall verstreut »Inspiring Words«, Zitate von Menschen, die in eigenen Worten das ausdrücken, was ich dir hier aus meiner Erfahrung beschreibe.

Egal, wie deine Lebenssituation ist, ob du alleinerziehend bist, in einer Partnerschaft lebst, ob du eine große Familie um dich hast oder eher allein klarkommen musst, hier sollst du Hilfe und konkrete Schritte finden, um deinen Mental Load zu reduzieren. Es wird nie alles ganz einfach werden und keine(r) von uns ist immer mental unbelastet. Vor allem nicht als Eltern. Sich um Kinder zu kümmern, setzt eine gewisse Sorgearbeit voraus, die uns immer wieder über den Kopf wachsen wird. Aber pausenlos belastet zu sein und den Kopf keine einzige Minute des Tages freizukriegen, ist ungesund und macht unglücklich.

Mach dieses Workbook zu deinem Buch! Auf den folgenden Seiten darfst du schreiben, malen und kritzeln, so viel du willst. Skizziere dein Problem, klebe Bilder und Zettel dazu, notiere oder markiere Zitate, die dir hier oder im Alltag begegnen und die dich inspirieren. Wahrscheinlich schreibst du selten mit der Hand, dabei ist das ein wichtiger Prozess. Denn so bringst du die Wörter langsamer und reflektierter als mit der Tastatur aufs Papier und wirst dir durch das verminderte Schreibtempo deiner Gedanken stärker bewusst.

Noch ein wichtiger Tipp: Mach die Übungen in diesem Workbook in kleinen Schritten, nimm dir Zeit zum Nachdenken oder lass sacken, was dir klar oder bewusst geworden ist. Überspringe Aufgaben, die nicht zu dir passen, und such dir die Anregungen heraus, die dir in deiner Situation wirklich helfen. Stell dir vor, du gehst durch den Supermarkt und legst alles in deinen Einkaufswagen, was du brauchst. Du siehst dabei auch Dinge, die du nicht möchtest, und lässt sie einfach stehen. So ist es auch in diesem Buch. Du greifst dir heraus, was für dich sinnvoll und wichtig ist.

Nun wünsche ich dir nicht nur viel Kraft, Gelassenheit und Mut, sondern auch Spaß bei der Sache. Ich verspreche dir, es lohnt sich! Du wirst dir selbst einen Schritt näherkommen, den Alltag neu organisieren, Aufgaben abgeben können und entspannter durch dein Leben gehen. Du kannst das gemeinsam mit einem Partner oder einer Partnerin tun oder ganz für dich. Zusammen schaffen wir das!

Deine Laura

 **Jetzt geht's los!**

Schreib mal auf: Wie ist dieses Workbook zu dir gekommen? Hast du es geschenkt gekriegt oder selbst gekauft? Notier dir hier die ersten Gedanken, die dich zum Thema Mental Load beschäftigen. Gibt es einen Moment, der dich dazu bewogen hat, aktiv gegen dein Mental-Load-Problem vorzugehen?

_____

_____

_____

Du & der Mental Load

Bestandsaufnahme

Wie geht's dir gerade?

Ich könnte mir vorstellen, dass du dieses Workbook vor dir liegen hast, weil du eine erdrückende Menge Verantwortung trägst und immer viel zu viel zu tun hast. Das führt dazu, dass dein Kopf nicht mehr abschalten kann und sich dein Gedankenkarussell unaufhörlich dreht. Vielleicht liegst du nachts wach und denkst darüber nach, wie du die Aufgaben und Termine schaffen sollst, die gerade anstehen? Oder du wachst morgens um vier Uhr auf und gehst gedanklich deine To-do-Listen durch, weil du Angst hast, etwas Wichtiges zu vergessen?

Eltern haben fast immer eine Menge zu tun, aber nicht jede(r) von uns schafft es, die To-do-Listen mental oder physisch ab und zu zur Seite zu legen und Abstand zu bekommen. Das hängt natürlich von verschiedenen Faktoren ab. Hast du mehrere Kinder oder einen besonders stressigen Job? Bist du alleinerziehend oder hast einen Partner/eine Partnerin, der/die bisher wenig Verantwortung für die Familienorganisation übernommen hat? Fühlst du dich als Frau und Mutter unter Druck gesetzt? Hast du große Sorgen die Finanzen oder die Gesundheit deiner Familie betreffend? Leidest du unter Diskriminierung oder rassistischen Strukturen? Es gibt so vieles, was deinen Druck erhöhen kann.

Wir klären zunächst einmal, was Mental Load ist und wie diese Belastung entsteht. Die Umstände, in denen wir leben, variieren stark. Das gilt es immer zu berücksichtigen.

Für Alleinerziehende ist die Situation oft deshalb extrem schwierig, weil sie die meiste Arbeit (und Denkarbeit) allein machen müssen. Ihnen fehlt es an Unterstützung. Mütter, die mit dem Vater der Kinder zusammenleben, haben zwar rein theoretisch nur die Hälfte der Arbeit zu tun, in der Praxis sieht das aber oft anders aus. Durch die ungleiche Verteilung von Care- und Denkarbeit entsteht viel Frust und Streit. Hier liegt der Fokus darauf, das Problem in der Partnerschaft anzusprechen und neue Wege zu finden. Dann gibt es noch Paare, bei denen einer von beiden nicht willig oder gesundheitlich und psychisch nicht in der Lage ist, die Verantwortung für die Care- und Denkarbeit mitzutragen. Die Probleme mit dem Mental Load sind tatsächlich so individuell wie wir Menschen.

Mental Load: Eine Definition

Als Mental Load bezeichnet man die Last des Dran-denken-Müssens. Es geht um eine Mischung aus der Verantwortung für unzählige Aufgaben, gepaart mit der Sorge, Termine oder To-dos zu vergessen oder nicht auf dem Schirm zu haben. Diese tägliche, nicht sichtbare Verantwortung für Familienorganisation, Haushalt, Kinderbetreuung oder Pflege von Angehörigen kann durch bestimmte Faktoren zu einer Be- und Überlastung führen. Care-Arbeit, auch Fürsorgearbeit genannt, führt nicht zwangsläufig zu Mental Load. Aber die private Fürsorge für andere Menschen findet oft rund um die Uhr statt, wird nicht bezahlt und lässt meist wenig Zeit für Erholung. Daher sind vor allem Menschen von Mental Load betroffen, die besonders viel Care-Arbeit leisten.

Bei Frauen kommt neben der tatsächlichen Arbeitslast der gesellschaftliche Druck dazu, sich kümmern zu müssen, weil wir Sorgearbeit kulturell bedingt Frauen zuordnen. Leisten sie diese Arbeit nicht, wird ihnen das als mangelnde Fürsorge ausgelegt. Aus anerzogener Gewohnheit und aus Angst vor Verurteilung übernehmen Frauen Fürsorgearbeit selbstverständlicher als Männer und gehen dabei nicht selten über ihre Kräfte. Auch wenn Männer genauso unter Mental Load leiden können, können sie sich in der Regel etwas besser von der Erwartung anderer abgrenzen, wenn es um das Thema Kümmern und Fürsorge geht. Bei Müttern hingegen bestehen die nie enden wollenden To-do-Listen oft nicht nur aus notwendigen Aufgaben und Erledigungen, sondern auch aus vermeintlichen Mutterpflichten (Schultüte basteln, Kastanien sammeln, Brei selber kochen) oder selbstauferlegten Zwängen (Wäsche muss gebügelt werden, Kind darf unter keinen Umständen Zucker essen).

Das Loslassen fällt schwer, wenn es um die Fürsorge für andere Menschen geht. Mental belastete Frauen schildern oft ihren Eindruck, das Gehirn oder das Back-up für ihre Familie zu sein. Sie befürchten, das System Familie würde nicht mehr funktionieren, wenn sie sich nicht laufend um einen reibungslosen Ablauf kümmerten. Diese Sorge führt zu einem Kontrollbedürfnis und das zeitweise Loslassen von Verantwortung gelingt kaum oder gar nicht. Der (scheinbare) Druck, niemals die Kontrolle verlieren und niemals ausfallen zu dürfen, erschwert die Situation zusätzlich. Die gesellschaftliche Meinung, Mütter müssten immer für ihre Kinder da sein und den Haushalt im Griff haben, bewirkt nicht selten, dass es Frauen nicht mehr gelingt, auch mal einige Aufgaben abzugeben.

Zweifellos hat die Belastung Konsequenzen für die Gesundheit der Betroffenen. Schlafstörungen, Rücken- oder Kopfschmerzen bis hin zu Burn-out oder Depressionen können die Folgen sein. Partnerschaftliche Beziehungen zerbrechen durch Konflikte rund um Mental Load und auch der eigene Beruf und die finanzielle Absicherung sind häufig beeinträchtigt.

Erkennst du dich im Beschriebenen wieder? Im Folgenden findest du einen Test, mit dem du herausfinden kannst, wie stark du betroffen bist und welches die Schwerpunktthemen sind, unter denen du besonders leidest. Hast du zum Beispiel wenig Unterstützung aus deinem Familien- und Freundeskreis und setzt dich außerdem sehr unter Druck, alles perfekt zu machen, ist dein Mental-Load-Wert garantiert sehr hoch. Dann brauchst du dringend ein Netzwerk aus Menschen, die dich unterstützen, und es wird dir helfen, dich mit deinen eigenen (vielleicht zu hohen) Erwartungen auseinanderzusetzen.

Vielleicht sind aber auch eher die Konflikte in deiner Partnerschaft das Problem oder der Druck von außen, also zum Beispiel von deiner Familie oder anderen Müttern um dich herum. Im Schaubild siehst du, dass es verschiedene Faktoren gibt, die zu Mental Load führen. Bei manchen Müttern kommt sogar alles zusammen.

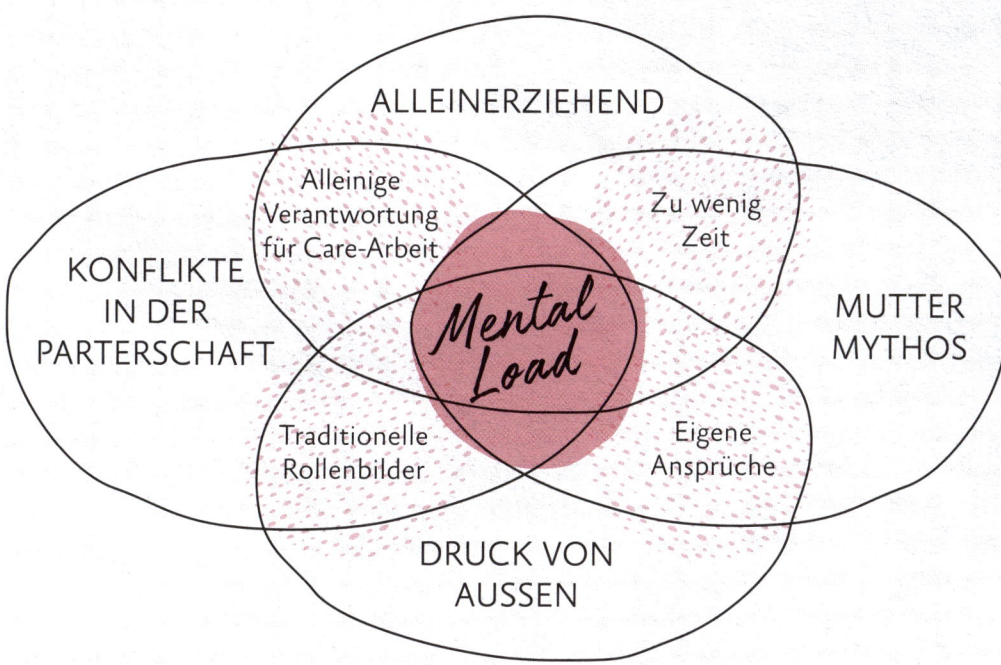

 Der Mental-Load-Test

Schätze bei jeder Frage auf einer Skala von eins bis fünf ein, wie sehr die Aussage auf dich zutrifft, und notiere dir diese Zahl in der Übersicht.

1 Ich muss zu Hause an alles denken, was die Familienorganisation betrifft.

2 Mein Umfeld weiß nicht, dass ich mental belastet bin.

3 Ich finde, andere Mütter haben ihren Alltag besser im Griff als ich.

4 Keine(r) sieht, was ich zu Hause leiste.

5 Ich muss an viele Dinge gleichzeitig denken.

6 Ich finde, Fürsorgearbeit ist weniger wert als Erwerbstätigkeit.

7 Mütter wissen am besten, was gut für ihre Kinder ist.

8 Ich leide unter dem Gefühl, für alles verantwortlich zu sein.

9 Ich habe keinen, mit dem ich über meine mentalen Probleme reden kann.

10 Ich habe Angst, Aufgaben oder Termine zu vergessen.

Teil 1

11 Ich kann die Aufgaben zu Hause am effizientesten erledigen.

12 Ich muss viele Aufgaben gleichzeitig erledigen.

13 Ich habe kaum Unterstützung von anderen.

14 Die anderen wissen nicht, was ich zu Hause leiste.

15 Meine Gedanken kreisen um meine Aufgaben.

16 Die Aufgaben, die ich mir vornehme, schaffe ich nicht.

17 Ich bin dafür verantwortlich, dass es meiner Familie an nichts fehlt.

18 Es fällt mir schwer, Hilfe anzunehmen.

19 Mein Aufgabenpensum überfordert mich.

20 Grübeln hält mich vom Schlafen ab.

21 Was ich zu Hause schaffe, ist nichts, worauf ich stolz bin.

22 Als Mutter sollte ich mich um meine Angelegenheiten selbst kümmern.

23 Wenn ich die Verantwortung für Aufgaben abgebe, bricht das Chaos aus.

24 Ich kann kein To-do streichen, weil alle wichtig und dringend sind.

25 Ich vermisse Anerkennung für meine Fürsorgearbeit.

Auswertung: Übertrage nun die Werte in diese Tabellen, um zu sehen, wie viele Punkte du in den jeweiligen Bereichen hast.

Mangelnde Unterstützung	*Mangelnde Wertschätzung*	*Erwartungen an mich als Mutter*
Nr. 1	Nr. 4	Nr. 3
Nr. 8	Nr. 6	Nr. 7
Nr. 10	Nr. 14	Nr. 11
Nr. 15	Nr. 21	Nr. 17
Nr. 20	Nr. 25	Nr. 23
Summe:	Summe:	Summe:

Zu viel Verantwortung	*Aufgabenfülle*	
Nr. 2	Nr. 5	
Nr. 9	Nr. 12	
Nr. 13	Nr. 16	
Nr. 18	Nr. 19	
Nr. 22	Nr. 24	Gesamtsumme:
Summe:	Summe:	

Nun kannst du erkennen, wo deine Schwerpunkte liegen:
Ab 15 Punkten: deutliche Belastung in diesem Bereich
Ab 20 Punkten: sehr starke Belastung in diesem Bereich
Addiere außerdem die Gesamtsumme deiner Antworten. Das ist dein aktueller Mental-Load-Pegel. Um zu überprüfen, ob das Workbook etwas an deiner Situation geändert hat, kannst du den Test acht Wochen, nachdem du das Workbook beendet hast, noch einmal machen. Dein Mental-Load-Pegel dürfte dann um einiges niedriger geworden sein, vor allem wenn du viele der folgenden Übungen gemacht und einige Tipps umgesetzt hast.

 Akute Aufgaben notieren

Was steht gerade alles auf deiner inneren To-do-Liste? Woran musst du im Moment alles denken? Hier ist Platz, es zu notieren.

 Deine Bestandsaufnahme

Welche Gründe für deinen Mental Load fallen dir ein – eigene Ansprüche, zu wenig Unterstützung, zu viele To-dos …? Du kannst dafür auch den Test noch mal zu Rate ziehen: Was waren dort deine Schwerpunkte? Und schau vielleicht auch noch mal auf das Schaubild von Seite 17 mit den vier Kreisen. Mit all dem kannst du hier zu den folgenden Fragen reflektieren:

Ich fühle mich mental belastet, weil ...

_____

_____

_____

Stress und mentale Belastung kannst du auf vier Ebenen erkennen: Körper (Müdigkeit, Erschöpfung, Schlaflosigkeit, Nackenschmerzen ...), Gedanken (anhaltendes Grübeln, ständige Sorgen ...), Gefühle (Traurigkeit, Wut, Frustration ...) und Verhalten (Gereiztheit ...). Wie zeigt sich Mental Load bei dir?

Wenn ich mental belastet bin, äußert sich das bei mir so:

_____

_____

_____

_____

Tipp:
Wenn du körperliche Symptome hast oder dich dauerhaft erschöpft und traurig fühlst, klär das unbedingt bei deinem Hausarzt oder deiner Hausärztin ab.

Teil 1

Notiere Situationen, Momente, Zeitpunkte am Tag oder bestimmte Ereignisse, in denen die mentale Belastung am größten ist (am Wochenende, kurz vor dem Urlaub, frühmorgens ...).

Besonders belastet fühle ich mich, wenn ...

_____

_____

_____

Gibt es etwas, was du in diesen Momenten besonders vermisst?
In diesen Momenten fehlt mir ...

_____

_____

_____

Wenn dir diese Übung schwerfällt und du die Fragen nicht genau beantworten kannst, könntest du eine Woche lang ein Stresstagebuch führen, um die Ursachen für Mental Load und deine Reaktionen auf Stress zu erkennen. Eine Vorlage findest du auf der folgenden Seite.

MEIN STRESSTAGEBUCH

Datum:

An welchen Tagen war mein Mental Load besonders hoch?

	Heute war ich in diesem Moment gestresst	Das waren meine Reaktionen	Das hätte ich in dem Moment gebraucht
Montag			
Dienstag			
Mittwoch			
Donnerstag			
Freitag			
Samstag			
Sonntag			

Teil 1

Auswertung Stresstagebuch: *Wenn du dir dein Stresstagebuch anschaust, erkennst du ein Muster? Gibt es immer wieder ähnliche Momente, die deinen Mental Load vergrößern? Siehst du Parallelen bei den Gründen für den Stress und den Dingen, die dir in solchen Momenten fehlen?*

Ich erkenne folgendes Muster für meinen Stress:

_____

_____

_____

Immer wenn ich in dieser Situation bin, steigt mein Stresspegel:

_____

_____

_____

Was hilft dir in den stressigen Situationen, wieder etwas zur Ruhe zu kommen? Zeichne oder schreibe es hier rein.

Weg mit dem Mythos!
Mal dir dein eigenes Mutterbild

Vielleicht fragst du dich, wieso sich dieses Workbook an Frauen richtet. Immerhin gibt es auch Männer, die durch Familienorganisation, Haushalt und Kinderbetreuung mental belastet sind. Ganz besonders natürlich alleinerziehende Väter, von denen es in Deutschland immerhin etwa 407 000 gibt.[1] Und auch wenn Männer wie Frauen unter traditionellen Rollenbildern leiden, so haben wir Frauen ein besonderes Problem, was Care-Arbeit betrifft: Von uns erwartet man einfach, dass wir uns kümmern.

Sicher ist dir das auch schon einmal aufgefallen: Der Vater, der mit seinen Kindern auf den Spielplatz, zum Kinderturnen oder in den PEKiP-Kurs geht, wird beklatscht. Du erntest dafür nicht die Spur von Applaus und musst dich sogar rechtfertigen, warum du keine Lust auf einen Babyschwimmkurs hast. Mütter können es anderen Menschen nie recht machen. Entweder sie kümmern sich zu viel um die Kinder oder zu wenig. Und jeder meint, ihre Entscheidungen, ihre Art zu leben oder die Kinder zu erziehen kritisieren zu dürfen. Kennst du sie, diese subtilen Kommentare, die einen bitteren Nachgeschmack hinterlassen? Ich habe hier ein Mutter-Bullshit-Bingo für dich und du kannst jedes Kästchen ankreuzen, dessen Satz du schon einmal zu hören bekommen hast. Man nennt das übrigens »Mom-Shaming«, wenn Frauen mit solchen Sätzen beschämt werden sollen.

MUTTER-BULLSHIT-BINGO

Es ist normal, als Mutter gestresst zu sein.	Fällt es dir nicht schwer, in deinen Job zurückzukehren, solange dein Kind so klein ist?	Ein Kinderlächeln macht alles wieder gut.
Wozu bekommt man Kinder, wenn man dann den ganzen Tag im Büro ist?	Klappt das denn zu Hause mit deiner Familie, wenn du nicht da bist?	Toll, dass sich der Vater so um die Kinder kümmert!
Kinder brauchen ihre Mutter in den ersten Lebensjahren besonders, findest du nicht auch?	Mütter haben Superkräfte.	Wieso kochst du den Brei fürs Baby nicht selber?
Spitze, dass dir dein Mann die Kinder abnimmt!	Vermisst du deine Kinder nicht, wenn du übers Wochenende weg bist?	Du wolltest doch Kinder, also musst du dich auch um sie kümmern.

Der Glaube daran, dass die Mutter und nicht der Vater in erster Linie zu den Kindern gehört, ist noch gar nicht so alt und der Mutter-Mythos, also das Märchen davon, dass Kinder ausschließlich von der Mutter ausreichend betreut und versorgt werden können, ein kulturelles Konstrukt. Wenn du mehr darüber wissen willst, wie dieser Mythos entstand und wie er sich auswirkt, kannst du das gern in meinem Ratgeber *Die Frau fürs Leben ist nicht das Mädchen für alles* nachlesen. Das Festhalten an diesem Mythos sorgt für Druck auf uns Frauen. Er führt dazu, dass die meisten Mütter mehr Zeit zu Hause mit den Kindern verbringen als die Väter und dann tatsächlich kompetenter werden in Sachen Familienorganisation. Irgendwann kommen die Väter dann gar nicht mehr auf die Idee, sich in diese Belange einzumischen. Die mentale Belastung oder gar Überlastung der Mutter ist vorprogrammiert.

In den sozialen Netzwerken wird mit dieser mütterlichen Überlastung kokettiert. »Mütter haben Superkräfte«, heißt es zum Beispiel augenzwinkernd. Aber solche Aussagen suggerieren, eine dauerhafte Überlastung gehöre zum Muttersein unweigerlich dazu. Es wird kaum noch hinterfragt, welche Konsequenzen die Dauerbelastung hat, die ja auch nicht aufhört, wenn die Kinder älter werden.

Wieso ist uns die Meinung anderer so wichtig und warum ist es schwer, als Frau und Mutter über Mom-Shaming und ungefragtes Einmischen anderer hinwegzusehen? Unsere Mitmenschen, darunter Lehrerinnen, Wissenschaftler, Politikerinnen, Künstler, Meinungsmacherinnen, Kollegen, unsere Familie und unsere Freundinnen spiegeln mit ihrem Urteil und ihrer Meinung die Gesellschaft wider. Ihre Auffassungen und Meinungen sind geprägt von unseren Traditionen und unserer Kultur, die sich wiederum in Ritualen, Bräuchen, Geschichten, Büchern, Filmen, Fernsehsendungen, Werbung, Internet und Social-Media-Kanälen widerspiegelt. Wir sind auf die Gesellschaft angewiesen, weil sie die Gemeinschaft darstellt, die wir brauchen, um unseren Alltag zu bestreiten. Es ist daher ein urmenschlicher Instinkt, zur Gruppe gehören zu wollen, weil wir deren Unterstützung brauchen. Wir möchten dazugehören und Teil dieser Gruppe sein, denn der Ausschluss bedeutet für uns Einsamkeit und Isolation. Es ist also kein Wunder, dass wir die Erwartungen der Gesellschaft und damit die unserer Mitmenschen übernehmen und erfüllen möchten. Aber je stärker wir uns von diesen unter Druck gesetzt fühlen, desto schwerer wird es, ihnen zu entkommen. Denn hohe Erwartungen anderer führen dazu, dass wir uns selbst unter Druck setzen.

 **Deine Peer-Group**

Überleg mal, wer die Gemeinschaft darstellt, in der du lebst, und wer alles zu ihr dazugehört. Es können Freundinnen, deine Familienangehörigen, deine Kinder, deine Arbeitskolleginnen oder deine Bekannten sein. Nicht mit allen bildest du freiwillig eine Gemeinschaft. Schreib nun die Namen von sieben bis zehn Menschen auf, mit denen du mindestens einmal in der Woche zu tun hast. Schreib in die Blase über der jeweiligen Person eine Erwartung hinein, die sie an dich richtet. Gibt es dabei Erwartungen, von denen du dich unter Druck gesetzt fühlst? Unterstreiche diese erdrückenden Erwartungen mit einem roten Stift.

Du hast nun die Erwartungen anderer Menschen aufgeschrieben. Ab Seite 99 gibt es Übungen, die dir helfen, dich von erdrückenden Erwartungen abzugrenzen, die an dich gestellt werden.

Care-Arbeit ist weiblich

Wir leben in einer patriarchal geprägten Kultur, in denen Mädchen und Frauen den Großteil der Care-Arbeit übernehmen. Neben den vielen Frauen, die sich hauptsächlich um Kinder und (alte) Angehörige kümmern, haben wir einen sehr hohen Anteil an Frauen in Care-Berufen rund um Erziehung und Pflege.

 Die Ansprüche deines Umfeldes an dich

Teil 1

Vielleicht hast du Schwiegereltern, die von dir erwarten, den Haushalt ordentlich zu führen, oder eine Freundin, die findet, du solltest länger zu Hause bei den Kindern sein? Oder bist du im Büro zuständig dafür, Geschenke für Kolleginnen zu kaufen, oder sorgst in deiner Clique dafür, dass ihr euch regelmäßig trefft? Welche Erwartungen werden an dich gerichtet, die mit Fürsorge und unbezahlter Arbeit zu tun haben? Welche dieser Erwartungen erfüllst du nicht gern und möchtest, dass sich einmal jemand anderes darum kümmert? Hier ist Platz, deine Gedanken über diese Erwartungen aufzuschreiben:

Die Autorin und Aktivistin Glennon Doyle in einem Interview mit Stefanie Luxat [2]

»Als Frauen sind wir darauf gedrillt, nett zu sein. Ich war früher Grundschullehrerin und merkte, dass wir Jungs, durchaus unbewusst, signalisierten: ›Sag, was du denkst, und dann mach weiter.‹ Dagegen gaben wir Mädchen zu verstehen: ›Sei lieb und denk an die Gefühle der anderen.‹ Dadurch lernen Mädchen, dass es ihre Aufgabe ist, keine Gefühle zu zeigen, die andere verletzen könnten. Und dann wundern sich die Leute, warum Frauen später Probleme damit haben, offen zu reden. Wir haben gelernt, unser wahres Gesicht zu verbergen.«

Ist das Kümmern wirklich typisch weiblich? Schau dir mal folgende Begriffe an: Hebamme, Au-pair-Mädchen, Putzfrau, Kinderfrau, Hotel Mama. Zu ihnen gibt es kein männliches Pendant, was darauf hinweist, wie Frauen gesehen werden sollen – als Fürsorgerinnen, die sich um das Wohlergehen und die Gefühle anderer kümmern. Macht sie Karriere, sagt sie klar und deutlich, was sie will, ist sie eine »Karrierefrau« oder »Powerfrau«. Erfüllt sie ihre Fürsorge-Rolle nicht, eine »Rabenmutter«. Bei einem Mann dagegen ist der Fokus auf den Beruf normal, es gibt keinen »Karrieremann«. Auch einen »Rabenvater« suchen wir vergeblich. Wer sich ganz wunderbar ironisch mit diesen Rollenbildern auseinandersetzt, ist die Mediengestalterin und Kulturwissenschaftlerin Mirja Siegle. Ihren Kanal @seitenverkehrt auf Instagram kann ich dir sehr empfehlen.

> *Ärztinhelfer*
> Ein stark männlich dominierter Beruf, da Männer von Natur aus einfühlsamer, väterlicher, vertrauenswürdiger, multitaskingfähiger und hübscher sind als Frauen.

@seitenverkehrt

Mütter am Limit

Auch das ist die Folge von hohem Druck auf Frauen: Unter Müttern herrscht mittlerweile eine Art Gruppenzwang, das Baby unbedingt zu stillen, zu tragen, sich den eigenen Kindern gegenüber stets achtsam und ruhig zu verhalten und auf deren Bedürfnisse jederzeit einzugehen. Viele Mütter versuchen, die hohen Erwartungen zu erfüllen, auch wenn sie dabei ihre eigenen Grenzen dauernd übertreten. So ist die Belastung permanent vorhanden. Dazu kommt Folgendes: Mütter sollen heute nicht nur fürsorglich, sondern auch fit, berufstätig und finanziell unabhängig sein. Viele quälen sich zusätzlich mit Schönheits- und Schlankheitsidealen. Frauen sind insgesamt mit vielen zum Teil widersprüchlichen Botschaften konfrontiert. Kein Wunder, dass der Mental Load immer weiter wächst. Diese mentale Belastung ist deshalb auch kein Luxusproblem, denn es geht um mehr als um überspannte Nerven. Care-Arbeit, ein erhöhtes Armutsrisiko und mentale Belastung bis hin zu psychischen Erkrankungen hängen eng zusammen.

Auch wenn es für manche von außen vielleicht einfach klingt – es kann sehr schwerfallen, lockerer zu werden und eigene Ansprüche zu reduzieren. Es ist nicht leicht, aus diesem Teufelskreis auszusteigen, der durch alteingesessene, in der Gesellschaft tief verankerte Rollenbilder entstanden ist. Sich gegen solche Erwartungen zu stellen, kostet Kraft. Und genau die fehlt, ebenso wie Zeit und Muße, die frau braucht, um kreativ und konstruktiv etwas an ihrem Leben zu verändern.

Es ist also kein Wunder, dass Frauen erschöpft sind. Du bist nicht allein mit dem Gefühl, am Limit zu sein. Es kann bereits eine Erleichterung sein, wenn du erkennst:

Es ist logisch, dass du gestresst und mental belastet bist. Care-Arbeit ist eine anstrengende Arbeit und erlaubt selten mal einen echten Feierabend. Wenn gewisse Faktoren dazukommen – wenn du alleinerziehend bist, dir ein Netzwerk fehlt, Partnerin oder Partner sich nicht verantwortlich fühlen oder oft beruflich unterwegs sind, du hohe Anforderungen an dich selbst stellst oder sie dir von deinem Umfeld entgegengebracht werden –, dann ist Mental Load vorprogrammiert. Wenn du bisher das Gefühl hattest, der Grund liege in deiner unzureichenden Organisation oder an deinen dünnen Nervenfäden, möchte ich dir sagen, dass nicht du das Problem bist. Es sind die gesellschaftlichen Strukturen, die Erwartungshaltung und die Lebenssituationen von Müttern, die zu Mental Load führen. Die wahren Gründe für deine Belastung zu erkennen, ist die Basis, dagegen vorgehen und Lösungen finden zu können.

Wir können das konservative Frauenbild in unserer Gesellschaft nicht sofort beseitigen, dafür steckt es uns allen noch zu tief in den Knochen. Aber wir können lernen, unseren eigenen Weg zu gehen, und das probieren wir nun gemeinsam. Ich weiß, dass du es schaffen kannst.

Die Soziologin und Autorin Christina Mundlos[3]
»Frauen werden auch heute noch fast ausschließlich über ihre Mutterschaft und über ihre Kinder definiert. Das heißt, die Identität von Frauen steht und fällt damit, ob sie von außen als gute Mutter angesehen werden.«

 **Gemeinsam scheitern**

Es ist nicht schlimm, die eigene Überforderung anzusprechen und sich dazu zu bekennen, dass wir nicht alles schaffen können. Es ist sogar sehr, sehr wichtig, das zu tun. Denn wenn wir uns trauen, ebnen wir den Weg für viele andere. Es ist ein Märchen, »dass alle anderen es doch auch hinkriegen«. Ich mache mal den Anfang: Für mich waren die Nachmittage allein mit meinen drei Kindern immer zu viel. Ich dachte oft, ich schaffe das nicht mehr, wenn ich mal wieder mit ihnen und unserem ganzen Zeug unterwegs auf den Spielplatz war. Es hat mich wirklich fertiggemacht. Schreib hier einmal auf, was du allein nicht schaffst und was dir zu viel wird. Sei dabei ehrlich zu dir. Traust du dich, diesen Satz anschließend mit einer anderen Person zu teilen (deiner besten Freundin, deinem Partner, deiner Partnerin, deinem Bruder, deiner Schwester, deiner Mutter ...)?

 **Praxis** — Welche Rollen spielst du?

Teil 1

Ist dir bewusst, wie viele unterschiedliche Rollen du in deinem Leben spielst? Notiere dir hier einmal, welche Rollen du einnimmst. Du bist Mutter, Tochter, vielleicht Ehefrau, (Ex-)Partnerin, Schwester, Freundin … Welche Rolle übernimmst du gern? Welche ist manchmal belastend für dich? Kringele die belastenden Rollen rot ein.

_____

_____

_____

_____

Wie würdest du die jeweiligen Rollen gern ausfüllen? Welches sind deine Ansprüche?

_____

_____

_____

_____

_____

_____

_____

Welcher Rolle wirst du deiner Meinung nach gerecht? Welcher nicht? Und möchtest du daran etwas ändern? Welche Rollen kommen zu kurz?

Erkennst du, dass es kaum möglich ist, alle Rollen immer perfekt auszufüllen? Du kannst nie in allen Bereichen super sein, ohne dass es zu Lasten deiner Kräfte oder einer deiner anderen Rollen geht. Daher lohnt es sich, genau hinzuschauen, welche Rollen dir besonders wichtig sind und bei welchen du Kompromisse machen möchtest. Setz Prioritäten, auch zu deinen Gunsten!

Ich zum Beispiel bin Mutter, Ehefrau, Tochter, Schwester, Freundin, Patentante, Journalistin, Kollegin und Verwandte. Als die Kinder klein waren, konnte ich keine so gute Freundin sein, wie ich es gern gewesen wäre. Manchmal konnte ich meinen Ansprüchen an meine Mutterrolle nicht genügen, wenn ich beruflich viel zu tun hatte. Das kommt immer mal wieder vor und ich habe meinen Frieden damit gemacht. Wie auch du das schaffst, erfährst du in diesem Workbook. Mit verschiedenen Übungen lernst du, die Tatsache zu akzeptieren, dass du nicht zu jeder Zeit in all deinen Rollen 100 Prozent geben kannst – und dass das in Ordnung ist.

 **Dein Verständnis von Mutterschaft** — Teil 1

Eine wesentliche deiner Rollen dürfte die der Mutter sein. Und hier kommt es darauf an, welches Mutterbild du mit dir herumträgst. Lass uns einmal überprüfen, ob dich alte Glaubenssätze rund um deine Mutterschaft unter Druck setzen. Ich habe ja schon beschrieben, dass unser Mutterbild nicht immer die absolute Wahrheit ist, sondern wir an einen kulturell bedingten Mythos glauben, der uns auch schaden kann.
Notier dir einmal, wie es bei dir damit aussieht:

Was macht eine gute Mutter für dich aus?

_____

_____

_____

_____

_____

_____

_____

Welche Mutter-Vorbilder hattest du in der Kindheit?

_____

_____

_____

Welche Frauen haben dich geprägt und wie waren diese Frauen?

_____

_____

_____

_____

_____

_____

Wer hat bei dir zu Hause, als du klein warst, die unbezahlte Care-Arbeit gemacht (Haushalt, Kinderbetreuung, Geschenke besorgt, das Haus dekoriert, getröstet, mit dir Hausaufgaben gemacht ...)?

_____

_____

Welche Mütter bewunderst du? (Vielleicht deine eigene Mutter, Mütter in deiner Nachbarschaft, eine gute Bekannte oder Freundin ...)

_____

_____

_____

_____

Teil 1

Was bewunderst du an diesen Frauen?

Was möchtest du künftig anders machen und wie kannst du das schaffen?

Welche Art Mutter möchtest du sein?

Vielleicht hast du schon bemerkt, dass das, was wir unter einer Mutter verstehen, stark durch Vorbilder und kulturell gewachsene Erwartungen geprägt ist, die beim genauen Hinschauen aber nicht immer gut für uns sind und auch oft nicht in unser Leben passen. Wir können den Begriff deshalb für uns selbst (um-)deuten, sodass er zu unserer Persönlichkeit und zu den Umständen unseres Lebens passt.

Wenn wir an den Begriff »Mutter« denken, blenden wir oft aus, dass wir in erster Linie individuelle Menschen mit unterschiedlichen Eigenschaften sind. Ich zum Beispiel dachte immer, eine gute Mutter muss geduldig sein. Weil ich kein geduldiger Mensch bin und schnell aus der Haut fahre, hielt ich mich für eine unglaublich schlechte Mutter und bewunderte alle ruhigen Eltern um mich herum. In meinem Kopf setzte ich Mütterlichkeit mit Geduld und Sanftmut gleich, aber gemessen daran konnte ich nur scheitern. Heute weiß ich: Wir sollten genau hinterfragen, ob eine »gute Mutter« all diese Ansprüche überhaupt in sich vereinen kann, an die wir so fest glauben. Und ob sie es muss.

 Deine Mutter-Eigenschaften

> Ich habe hier eine lange Liste mit Eigenschaften, die wir aus Gewohnheit Frauen zuschreiben. Beim Lesen wird schnell klar, dass kein Mensch all diese Eigenschaften in seiner Persönlichkeit vereinen kann.
>
> Nun meine Einladung: Lies dir diese Liste durch und schreib dir acht Eigenschaften auf eine eigene Liste – Eigenschaften, bei denen du ein warmes Gefühl im Bauch bekommst. Bei denen du merkst: Ja, genau das entspricht mir. Diese Eigenschaften sind für mich und meine Kinder wichtig. Wenn ich im Alltag so bin, tut es uns gut.

fürsorglich	*empathisch*	*kameradschaftlich*
liebevoll	*fair*	*kreativ*
lustig	*flexibel*	*unabhängig*
hilfsbereit	*kuschelig*	*neugierig*
abenteuerlustig	*fröhlich*	*offen*
authentisch	*gemütlich*	*verlässlich*
ausgeglichen	*schnell*	*optimistisch*
nervenstark	*kraftvoll*	*ordentlich*
dankbar	*gerecht*	*tolerant*
effizient	*großzügig*	*geduldig*
ehrlich	*freundlich*	*gelassen*

Nun geht es weiter. Wenn du acht Eigenschaften untereinander notiert hast, wägst du jeden Wert gegen die anderen ab. Schau dir den ersten Wert an: Ist er dir wichtiger als der zweite? Dann mach hinter dem ersten einen Strich. Wenn nicht, machst du hinter dem zweiten einen Strich. Nun vergleichst du den ersten Wert mit dem dritten, dann mit dem vierten und so weiter. Hast du alle acht durch, machst du mit dem zweiten Wert weiter. Vergleiche diesen mit dem dritten, dem vierten und so weiter. Am Ende hast du eine Liste mit acht Eigenschaften, hinter denen unterschiedlich viele Striche zu sehen sind. Die drei Werte mit den meisten Strichen schreibst du dir wiederum extra auf.

Diese Anregung hat noch einen zweiten Teil. Ich zeige dir nämlich noch eine Aktivitätsliste. Ich weiß aus Erfahrung, dass man als Mutter am liebsten alle möglichen Dinge mit den Kindern unternehmen möchte. Die Zeit ist aber meist zu knapp, um das alles zu schaffen. Damit wir uns nicht laufend über uns ärgern, sollten wir lernen, gnädiger mit uns zu sein. Aus diesem Grund ist es hilfreich, auch hier zu priorisieren: Such dir dafür aus der folgenden Liste drei Aktivitäten aus, die du gern mit deinen Kindern machst und die du einmal in der Woche oder einmal am Tag mit in den Alltag einbinden möchtest. Schreib sie untereinander in der Reihenfolge ihrer Wichtigkeit für dich.

Teil 1

Bücher vorlesen	ausruhen
Geschichten erzählen	lachen und Witze machen
in der Natur sein	streicheln und massieren
miteinander spielen	diskutieren
basteln	es sich gemütlich machen
gemeinsam kochen oder backen	Musik machen
für Ordnung sorgen	handwerken
Komplimente machen	Fahrrad fahren
Geborgenheit schaffen	Sport machen
auf den Spielplatz gehen	Freiheit geben

 **Dein Anker im Chaos**

Du hast nun drei Eigenschaften und drei Aktivitäten notiert, die du gern in euren Alltag einbinden möchtest, und sicher war es nicht immer ganz leicht, die eine gegen die andere abzuwägen. Indem du dir aber diese Gedanken machst, wird dir immer klarer, welche Werte dir wichtig sind und welche du an deine Kinder weitergeben möchtest. Und dir wird klar, was du in der Zeit, die du mit deinen Kindern verbringst, am liebsten mit ihnen machst. Genau das ist für dich als Mutter wichtig und zeichnet dich aus. Du kannst nun konkret festhalten, wie dein persönliches Mutterbild aussieht und wie du deinen Anker im Chaos setzen kannst. Schreib dazu die drei ausgewählten Aktivitäten und Eigenschaften noch mal auf einen Zettel und häng ihn an den Kühlschrank. Wenn du abends unzufrieden mit dir bist, erinnere dich daran, dass du nicht zahllose gute Eigenschaften in dir vereinen und deinen Kindern unzählige Aktivitäten bieten kannst. Auch wenn du an einem bestimmten Tag vielleicht ungeduldig warst und mit den Kindern weder gebastelt noch Witze gemacht hast, so hast du ihnen dafür vielleicht liebevoll über den Kopf gestreichelt oder ihnen authentisch vorgelebt, was dir wichtig ist – was auch immer es ist. Und wenn einmal gar nichts geklappt hat, holst du es einfach nach.

Teil 1

MEIN MUTTERBILD

Diese drei Eigenschaften zeichnen mich als Mutter aus

In diesen Momenten spüren meine Kinder diese Eigenschaften

Diese drei Tätigkeiten sind mir im Alltag mit meinen Kindern wichtig

So kann ich diese Tätigkeiten in meinen Alltag einbinden

Warum du eine tolle Mutter bist

Wir Mütter sind ganz normale Menschen und bekommen mit der Geburt unserer Kinder keinen Ausrüstungskoffer mit extra vielen guten Eigenschaften. Wir bleiben die, die wir sind: Die eine Mutter ist kreativ, die andere strukturiert. Die eine ist immer liebevoll, die andere hat immer Power. Die eine backt fantastische Torten, die andere weiß, wie sie einen Autoreifen wechselt. Keine von uns kann alles, und das ist auch gut so. Unsere Kinder lernen auf diese Weise, dass wir Eltern normale Menschen mit individuellen Schwächen und Stärken sind. Wir lieben unsere Kinder so, wie sie sind: schüchtern, aufsässig, clever, witzig, sportlich oder tollpatschig. Und unsere Kinder lieben uns so, wie wir sind.

Wir aber halten an alten Glaubenssätzen fest. Glaubenssätze umfassen die Ansichten, mit denen wir aufgewachsen sind und die wir bis heute für wahr halten. Sie sind sehr subjektiv und hängen von unserer Erziehung und Sozialisierung ab. Schon in der Kindheit prägen sich uns »Wahrheiten« ein, die sich dann später für uns als Erwachsene vielleicht gar nicht mehr so richtig anfühlen. Aber wir können sie nicht einfach abschütteln. So lernen viele von uns zum Beispiel durch Vorbild und Beobachtung, dass es besser ist, als Mädchen oder Frau nett und zuvorkommend zu sein. Wenn wir dann später als Erwachsene merken, dass diese »Wahrheit« uns hemmt und behindert, können wir sie nicht so leicht loswerden. Glaubenssätze können auch hilfreich und förderlich sein, aber sie müssen immer mal wieder auf den Prüfstand. Ist es wahr, was wir da glauben? Gibt uns dieser Glaubenssatz eine Orientierung oder führt er uns in die falsche Richtung? So mancher Glaubenssatz lässt sich als unwahr oder nicht mehr passend entlarven!

 Hinderliche Glaubenssätze entlarven

Sind dir diese Glaubenssätze auch schon einmal begegnet?
Eine gute Mutter ...

- *hat immer Zeit für ihre Kinder*
- *ist immer geduldig*
- *spielt jeden Tag mit den Kindern*
- *sorgt für einen sauberen Haushalt*
- *kocht jeden Tag frisch*
- *ist schön und schlank*
- *ist finanziell unabhängig*

Schreib einmal auf, welche Glaubenssätze du über das Muttersein mit dir herumträgst.

_____
_____
_____
_____
_____
_____
_____
_____

Nun kannst du diese Sätze auf ihren Wahrheitsgehalt für dich überprüfen. Stell dir bei jedem Satz folgende Fragen: [4]

- *Ist das wirklich richtig?*
- *Trifft das immer und auf jede Mutter zu?*
- *Wie würde es mir gehen, wenn dieser Glaubenssatz nicht mehr in meinem Leben wäre?*

Teil 1

Hier ist ein Beispiel für dich:
Eine gute Mutter hat immer Zeit für ihre Kinder.
Ist das wirklich wahr?
Nein, jede Mutter hat ab und zu keine Zeit für ihre Kinder. Manche Mütter haben sogar nur ganz wenig Zeit für ihre Kinder.
Ist das immer und bei jedem so?
Nein, sehr viele Mütter haben viel zu tun, privat oder beruflich, freiwillig oder unfreiwillig.
Wie wäre mein Leben ohne diesen Glaubenssatz?
Wenn ich ihn nicht glauben würde, würde ich mich nicht mehr schuldig fühlen, wenn ich keine Zeit für die Kinder habe.
Nun kannst du im nächsten Schritt diesen Glaubenssatz zu etwas Positivem umkehren, zum Beispiel:
Ich bin für meine Kinder eine gute Mutter. Die Qualität unserer Beziehung hängt nicht von der Menge der Zeit ab, die ich für sie habe.

Wenn du deine Glaubenssätze über das Muttersein überprüfst und umkehrst, hast du am Ende eine ganze Reihe positiver Glaubenssätze, die dich nicht mehr unter Druck setzen. Immer, wenn du zu zweifeln beginnst, kannst du sie dir vor Augen halten oder wie eine Affirmation wiederholen.
Probier es am besten gleich mal mit dreien deiner Glaubenssätze aus. Wenn sie sich als unhaltbar herausgestellt haben, kehrst du sie in etwas Positives um. Verbinde die Satzteile dabei nicht mit »weil«, denn du bist für deine Kinder immer die beste Mutter, dafür möchten sie keine Gegenleistung.
Aus »Eine gute Mutter ist immer geduldig« wird auf diese Weise zum Beispiel: »Ich bin für meine Kinder eine gute Mutter und ich zeige ihnen authentisch meine Gefühle, sodass sie sich das Gleiche zugestehen.«

> Teil 1

Und nun bist du dran:

 **Mein inneres Unterstützer-Team**

Unsere Freundinnen sind natürlich oft unsere größten Unterstützerinnen – doch wir haben sie nicht immer bei uns. Wir können uns aber mental ein inneres Unterstützer-Team einladen. Vielleicht mit einigen Menschen, die uns ein Vorbild sind oder die wir für ihr Selbstbewusstsein bewundern. Denk mal nach, wer das für dich sein könnte, und stell dir dein inneres Unterstützer-Team zusammen. Es kann aus realen Freundinnen bestehen, aber auch Comic-Figuren, berühmte Menschen, Stars, Komiker oder inspirierende Künstlerinnen enthalten, lebende oder schon gestorbene Personen. Wen möchtest du in deinem Team? Die Gedanken sind frei!

In Situationen, in denen du nicht weiterweißt oder keine Ahnung hast, wie du reagieren solltest, kannst du dich mit deinem inneren Unterstützer-Team an einen imaginären Tisch setzen und jede Einzelne, jeden Einzelnen um Rat fragen. Was würden diese Personen oder Figuren sagen? Welchen Rat würden sie dir geben?

Zusammenhalt unter Müttern fördern

Der vielfältige Druck auf uns Mütter führt dazu, dass wir uns gegenseitig kritisch beäugen. Wenn der Alltag schwer zu bewältigen ist und wir dauernd ein Gefühl des Scheiterns haben, suchen wir den Vergleich mit anderen Frauen und sind erleichtert, sie ebenfalls scheitern zu sehen. Wer auf andere herabblickt, erhöht sich gleichzeitig selbst – eine Notlösung für Menschen unter starkem Druck. Auf diese Weise entsteht unter Müttern eine Art Wettkampf um die Frage, wer den Alltag und die To-do-Listen am besten im Griff hat oder wer sich am meisten Mühe mit den Kindern und der Familienorganisation gibt. Aber wollen wir das wirklich?

Wenn du unterwegs bist, lächele anderen Müttern zu oder sag etwas Unterstützendes, wenn du Frauen in angespannten Situationen antriffst. Versuche beim nächsten Mal, wenn du dir vorschnell eine Meinung über eine andere Frau gebildet hast, weniger zu urteilen und ihre Seite zu verstehen.

Teil 1

Autorin und Podcasterin Priska Lachmann in der mdr-Reportage:
»Konkurrenzkampf mit Kinderwagen«[5]

»Wir sollten die Stärke einer anderen Mutter nicht als die eigene Schwäche wahrnehmen«.

Manchmal fühlen wir uns schlecht, wenn wir uns die Darstellungen, Fotos oder Bilder anderer Mütter anschauen, zum Beispiel im Messenger-Status oder auf Instagram. Wenn dir dort Eltern begegnen, deren Storys und Bilder dir ein schlechtes Gefühl in Bezug auf dein eigenes Muttersein verschaffen, kannst du die Kanäle de-abonnieren und den Messenger-Status auf stumm stellen. Lass dich lieber von Menschen inspirieren, die dir ein gutes Gefühl geben, in einer ähnlichen Lage sind wie du oder den Druck kennen, der auf Müttern lastet. Vielleicht hilft es dir, dich an diesem Spruch zu orientieren: »Wer nicht enttäuschen darf, kann niemals ein freier Mensch sein.«

Deine inneren Quälgeister

So manche Gefühle oder Gedanken lassen sich nicht einfach abschalten. Das liegt auch daran, dass wir sie schon lange mit uns herumtragen. Sie sind anerzogen oder tief in uns verwurzelt: Schuldgefühle, die Neigung zum Grübeln, die Angst vor dem Loslassen oder der Hang zum Perfektionismus. Ich nenne sie hier einmal »die inneren Quälgeister«. Sie abzuschütteln braucht Übung und Geduld. Sie zu verbannen oder ihren Einfluss zumindest einzuschränken ist jedoch ein wichtiger Schritt, damit du frei(er) über dein Leben entscheiden kannst.

Schuldgefühle

Quälen dich im Alltag Schuldgefühle, wenn du eine Aufgabe nicht geschafft oder ein To-do vergessen hast? Angesichts der Menge an Dingen, die es im Familienalltag zu tun gibt, ist es völlig normal, nicht alles zu schaffen. Weil wir Mütter uns aber für die Familienarbeit verantwortlich fühlen und die innere Stimme streng ist, sind wir schnell unzufrieden mit uns und fühlen uns schuldig. Auch hier ist es hilfreich, dir deine Denkmuster vor Augen zu führen, um das Problem zu erkennen und dann etwas zu verändern. Vielleicht fällt es dir nach der Lektüre des Workbooks leichter, dir zu verzeihen, weil du realisierst, wie überlastet du bist und wie wenig Pausen du machst. Auf dieser Ebene kann es durchaus helfen, einmal nicht auf dein Bauchgefühl zu hören, das dir Schuldgefühle und Unzufriedenheit beschert, sondern den Kopf entscheiden zu lassen. Manchmal musst du diese Gefühle der Schuld eine Weile aushalten und immer wieder objektiv auf dein Pensum und deinen Tagesinhalt blicken: Was hast du schon alles erledigt, um wen hast du dich gekümmert, welche Arbeit hast du geleistet?

 **Praxis** Schluss mit den Schuldgefühlen!

> Hierzu kannst du einmal die folgende Übung ausprobieren: Auf der nächsten Seite findest du eine Vorlage für ein Care-Arbeits-Tagebuch. Kopiere es dir am besten ein paar Mal. Nun kannst du jeden Abend eintragen, was du an Sorge- und Denkarbeit geleistet hast. Wenn du dir dein Pensum vor Augen führst, bist du danach sicherlich nachsichtiger mit dir.
>
> Denkst du jetzt, dafür hast du keine Zeit? Das glauben viele Mütter. Überleg dir in diesem Fall, wie wichtig es dir ist, das Thema anzugehen, und ordne ihm eine Priorität zu. Danach kannst du sagen: Es ist dir wichtig oder eben nicht. Sei hier ehrlich zu dir selbst. Und wenn es dir wichtig ist, dann wirst du die Zeit dafür finden.

Morris Villarroel, leidenschaftlicher Selftracker und Vater [6]

»Nach meiner Scheidung verbrachten meine drei damals noch kleinen Kinder jede zweite Woche bei mir. Ich fühlte mich oft völlig erledigt und gleichzeitig unzufrieden. Als ich aber anfing, alles zu notieren, stellte ich bald fest: Wow, ich tue ganz schön viele Dinge in den vierundzwanzig Stunden, durchlebe eine Menge Emotionen und Stressmomente. Ich darf ruhig etwas weniger hart zu mir selbst sein.«

MEIN CARE-ARBEITS-TAGEBUCH

Datum:

Ich habe heute das hier organisiert ...

Ich habe mich heute um meine Familie gekümmert und das getan ...

Ich habe im Haushalt ...

Ich habe folgende To-dos abgehakt ...

Ich habe mich um mich gekümmert, indem ...

Woher kommen Schuldgefühle?

Wenn Frauen bedingt durch unsere Kultur so erzogen und sozialisiert werden, dass sie sich für eine gute Atmosphäre verantwortlich fühlen, erfahren sie immer wieder Schuldgefühle, sobald die Harmonie beeinträchtigt ist. Birgit Schönberger beschreibt in einem Artikel in »Psychologie heute«, was das Ganze kompliziert macht: »Es fällt uns manchmal schwer, zu unterscheiden zwischen echter Schuld, die wir anerkennen und aus der wir lernen können, und übersteigerten, irrationalen Schuldgefühlen, die uns eine Verantwortung für etwas einreden, das gar nicht in unserer Macht lag oder liegt.«[7] Da Frauen tendenziell darin geübt sind, formulierte und unausgesprochene Wünsche und Forderungen anderer zu erkennen, neigen sie dazu, sich für alles und jeden verantwortlich zu fühlen, schreibt auch die Psychotherapeutin Doris Wolf.[8] Schuldgefühle sind eine Folge der eigenen Bewertungen, nach denen wir etwas falsch gemacht haben, wofür wir uns verurteilen. Doris Wolf bestätigt, dass sich besonders Frauen schuldig fühlen: wenn sie eine Haushaltshilfe haben, wenn sie berufstätig sind und die Kinder in die Kita bringen, wenn das Essen nicht schmeckt und so weiter. Und auch diese Tatsache hat kulturelle Hintergründe: Beispielsweise erleben Mädchen schon früh die Abwertung von Frauen durch weniger Lohn, geringere Karrierechancen und weniger hoch positionierte Ämter, und entwickeln oft allein durch diese Diskriminierung Minderwertigkeitsgefühle. Zugleich werden sie laut Doris Wolf dazu erzogen, sich für Harmonie und die Zufriedenheit ihrer Umwelt zuständig zu fühlen. Sie werden dazu erzogen, bescheiden und perfektionistisch zu sein, um es allen recht zu machen.

 Schuldgefühle hinterfragen

Es ist wichtig zu hinterfragen, ob deine Schuldgefühle berechtigt und angemessen sind. Wenn du dich mal wieder schuldig fühlst, weil du deiner Meinung nach nicht genug getan, dich nicht ausreichend gekümmert oder hinreichend angestrengt hast, frage dich:

- *Was hätte ich meiner Meinung nach noch alles tun sollen?*
- *Wäre das zeitlich und kräftemäßig möglich gewesen?*
- *Sind meine Ansprüche an meine eigene Arbeit und Arbeitskraft realistisch?*
- *Fühle ich mich für etwas verantwortlich, das ich nicht beeinflussen kann oder das bei Licht betrachtet gar nicht meine Angelegenheit ist?*

Schreib einmal auf, wofür du dich in der letzten Zeit schuldig gefühlt hast. Vielleicht hast du aus deiner Sicht nicht genug Zeit mit den Kindern verbracht, nichts gegen die Unordnung zu Hause getan, zu wenig Engagement im Büro gezeigt, vergessen, dich bei einer Freundin zu melden … Notiere eine bestimmte Situation, ohne sie zu bewerten:

Und nun überleg mal: Wie ging es dir dabei? Hier darfst du bewerten und deine subjektiven Gefühle aufschreiben:

Stell dir im nächsten Schritt vor, nicht du hättest diese Situation durchlebt, sondern deine beste Freundin. Was würdest du zu ihr sagen?

_____

_____

_____

_____

Vielleicht fällt dir auf, dass du die Situation nun, da es nicht mehr dich betrifft, anders bewertest und einordnest. Mit deiner Freundin bist du sicher nicht so streng und verurteilst sie nicht, sondern ordnest ihre Situation in den Kontext ein.

TIPP:

Such dir eine Freundin, der es ähnlich geht. Tauscht euch über eure Schuldgefühle aus und übt miteinander, euren inneren Kritiker zu zügeln und ihn zu einer guten Freundin zu machen. Du kennst keine Frau, mit der das gehen könnte? Dann schau mal bei Mami-Connection[9] nach oder guck in der Suchbörse Bumble[10]. Dort kannst du auch nach platonischen Freundinnen in deiner Nähe suchen!

Schluss mit dem Perfektionismus

Hier haben wir einen weiteren inneren Quälgeist: den Perfektionismus. Leidest du auch unter dem Drang, zu Hause mit den Kindern und im Job alles perfekt erledigen zu müssen? Perfektionismus heißt, dass man außergewöhnlich hohe Erwartungen an sich selbst stellt. Das tun wir aber nicht vom Beginn unseres Lebens an, sondern wir lernen es durch Erziehung, Sozialisierung und die Einflüsse unserer Umwelt und der Gesellschaft. Wer sich einmal anschaut, wie hoch die Erwartungen an Frauen sind, insbesondere an Mütter, der erkennt schnell, dass es da eine direkte Verbindung zum Perfektionismus gibt. Treffend finde ich dazu die Worte von Kabarettist Florian Schroeder:

Kabarettist und Moderator Florian Schroeder in einer NDR-Talkshow[11]

»Das Problem ist die gesellschaftliche Erwartung an die Frau heute. Was muss die Frau alles sein? Sie muss Topmodel und mager-schlank sein. Sie muss Kinder wollen. Sie muss sie im richtigen Moment wollen, nicht mit zwanzig, aber auch nicht mit vierzig. Zwanzig ist zu früh, vierzig ist zu spät. Sie muss die richtige Zahl der richtigen Kinder mit dem perfekten Mann im richtigen Moment kriegen. Die richtige Zahl ist nicht eins, das ist ego, aber auch nicht fünf, das ist assi. Es muss irgendwo dazwischen liegen. Wenn sie die Kinder hat, muss sie arbeiten. Sie muss Karriere machen, und zwar selbstbewusst. Nicht als Emanze! Aber emanzipiert muss sie sein. Selbstbewusst, emanzipiert, feministisch, organisiert und überhaupt gut drauf. Und während sie Karriere macht, muss sie gleichzeitig zu Hause bleiben. Sie darf keine Rabenmutter sein. Wenn sie zu Hause ist, muss sie trotzdem Karriere machen. Sie muss weiterhin Topmodel-mager-schlank sein, man darf ihr die Kinder, die sie gekriegt hat, nicht ansehen. Zu Hause muss sie außerdem Hure, Liebhaberin, beste Freundin, Mutter und alles auf einmal sein. Und den Stress, den sie hat, darf man niemals spüren.«

Fragst du dich manchmal, woher dein hoher Anspruch kommt und wieso du selbst bei Dingen zwanghaft bist, die nicht wirklich überlebenswichtig sind? Bist du auch deshalb auf penible Ordnung aus, weil es dich beruhigt, wenn endlich alles aufgeräumt und das Chaos beseitigt ist? Dann geht es dir wie so vielen anderen vom Mental Load belasteten Eltern: das eigentliche Ziel ist Ruhe im Kopf. Du denkst, wenn irgendwann zu Hause die langersehnte Ordnung eingekehrt ist, findest du Frieden. Dann kannst du dich endlich aufs Sofa legen und ausruhen. Solange aber Lärm, Unordnung und Durcheinander angesagt sind, darfst du nicht ruhen.

Wir können es so sehen: Das Bild, das sich dir zu Hause bietet, ist eine Metapher für dein Hirn, in dem es drunter und drüber geht wie im Kinderzimmer. Die ersehnte Aufgeräumtheit in deinem Hirn wirst du aber nicht erreichen, solange du sie an die Ordnung bei euch zu Hause koppelst. Eines weiß ich wahrscheinlich genauso sicher wie du: Mit Kindern in einem Haushalt wird es niemals langfristig Ordnung geben, außer wir schuften dafür rund um die Uhr.

Du bist nicht die Einzige, die den ewigen Kampf gegen die Unordnung kämpft und damit auch einen Kampf gegen die eigenen inneren Ansprüche. Der Hang zum Perfektionismus, der uns in den Wahnsinn treibt, resultiert aus problematischen Verhaltens- und Denkweisen, die uns prägen. Die Autorin Gemma Hartley sagt über das Streben nach Perfektion: »Wäre mein Zuhause perfekt organisiert, gäbe es kein Leiden mehr. Das Problem besteht darin, dass Perfektionismus ein hohles Versprechen ist, das sich niemals erfüllt.«[12]

Es ist also ein Irrtum, alles zu optimieren und das perfekte Ordnungssystem zu finden, damit endlich alles erledigt ist und wir uns mit einem Buch aufs Sofa legen können. Denn es wird niemals alles perfekt und dauerhaft ordentlich sein. Theoretisch könnten wir also niemals Pause machen. Oder wir tun es jetzt gleich.

Die Autorin Gemma Hartley[13]

»Meine Strebsamkeit und die Art und Weise, wie sie sich in der von mir geleisteten Gefühlsarbeit manifestiert, sind nicht das Ergebnis eines inneren Antriebs. Ihre Motivation ist eine vollkommen andere: Sie speist sich aus der gesellschaftlich vorgegebenen Erwartungshaltung, dass Frauen in jeder Hinsicht perfekt sein müssen, und aus der Vorstellung, dass ich kein wertvolles Mitglied der Gesellschaft bin, wenn es mir nicht gelingt, dieses hohe Ziel zu erreichen.«

Es ist also auch ein strukturelles Problem: Solange viele Mütter zu Hause allein sind mit Planung, Organisation und Alltagsbewältigung und ihnen dennoch bei jeder Kleinigkeit mangelnde Fürsorge vorgehalten wird, werden sie von den hohen Ansprüchen in den Perfektionszwang getrieben.

 **Den Perfektionismus mindern**

Wenn es dir mal wieder schwerfällt, Pause zu machen, weil du unbedingt möchtest, dass alles perfekt ist, frage dich: Was ist das Schlimmste, was passieren kann, wenn ich diese Aufgaben nicht erledige? Oft schwelt eine untergründige Angst in uns, im Chaos zu versinken. Aber wie hoch ist die tatsächliche Gefahr, dass das passiert? Schreib einmal eine konkrete Situation mit den schlimmsten möglichen Folgen auf. Das kann schon vieles klären:

Teil 1

Frag dich nun noch etwas: Woran wirst du dich rückblickend erinnern, wenn du ein paar Jahre später auf diesen Moment zurückschaust? An das aufgeräumte Wohnzimmer und die Putzaktion in der Küche? Wahrscheinlich nicht. Wenn du aber stattdessen Pause machst, wirst du eventuell noch Jahre später an das tolle Buch denken, das du in diesem Moment gelesen hast, an den Kaffee in der Sonne, der dir so gutgetan hat, oder an den Spaziergang im Wald.

Die Bloggerin und Influencerin Svenja Walter [14]

»Immer wenn mir jetzt etwas schwerfällt, frage ich mich: Gibt es auch eine einfache Lösung? Das war vor der Pandemie ganz anders. Da habe ich mich oft gezwungen, Dinge durchzuziehen. Selber zu machen. Perfekt abzuliefern. Seit ich gemerkt habe, dass meine Seele das nicht mehr abkann und dass der Dauereinsatz in der Pandemie meiner mentalen Gesundheit nicht gutgetan hat, habe ich begonnen, häufiger den leichten Weg zu wählen. Etwas, was ich nicht machen möchte, abzugeben oder abzusagen. Etwas, was mir heute zu viel ist, auf morgen zu verschieben. Eine Sprachnachricht zu schicken, anstatt eine lange Mail zu tippen. Manchmal sind es nur kleine Dinge, die ich anders mache. Aber manche sind auch richtig groß. Zum Beispiel die Entscheidung, mich noch kompromissloser meinen Werten zuzuwenden, auch wenn das gesellschaftlich nicht unbedingt immer cool oder erfolgreich rüberkommt.«

 Ein Vorbild finden

Jemanden zu finden, an dem du dich orientieren kannst, hilft enorm. Kennst du eine Frau, die du bewunderst, obwohl sie nicht in allem perfekt ist? Es kann eine Bekannte, eine Freundin, eine Comicfigur oder eine Prominente sein. Wer ist dein Vorbild? Welche Frau macht dir Mut?

TIPP:

Such dir einen Spruch, der dich inspiriert. Das darf auch gern eine freche Aussage sein wie »Einen Scheiß muss ich«. Oder du nimmst »In der Ruhe liegt die Kraft«. Vielleicht gefallen dir auch ein paar »Inspiring words« aus diesem Buch. Gestalte dir zum Beispiel mit dem kostenlosen Programm Canva einen Bildschirmschoner für deinen PC oder für dein Handy. Nimm das Zitat in Kurzform als Passwort für deinen PC oder hefte dir einen Klebezettel an den Spiegel im Flur.

MEIN MANTRA GEGEN PERFEKTIONISMUS

 Die Angst vor dem Loslassen überwinden

»Es ist ja nicht so, dass ich alles kontrollieren will. Aber ohne mich wäre hier niemand mehr lebensfähig.« Kommt dir dieser Gedanke bekannt vor? Sicher kennst du es auch, dieses Gefühl, dass es ohne dich zu Hause nicht läuft. Es kann natürlich sein, dass es ohne dich nicht so optimal verläuft, wie du es gern hättest. Aber was ist schon optimal? Gehen wir mal davon aus, dass dein Partner oder deine Partnerin, die Babysitterin oder die Großeltern in der Lage sind, auf die Kinder achtzugeben und sie keiner Gefahr *auszusetzen. Sie werden sicherlich weder verhungern noch verwahrlosen. Frag dich also auch hier: Was könnte das Schlimmste sein, das passiert, wenn ich weg bin? Wenn das nichts Bedrohliches ist, frag dich, was dir Sorge bereitet. Formuliere es konkret und schreib auch die Folgen auf, die deiner Meinung nach bei deiner Abwesenheit drohen:*

Wenn ich nicht zu Hause bin, habe ich Sorge, dass …

_____

_____

_____

_____

Ich möchte dir mit auf den Weg geben, dass es völlig normal ist, zunächst einmal nicht loslassen zu können. Wer es gewohnt ist, die Hauptverantwortung für den Alltag zu haben und an alles denken zu müssen, hat selbstverständlich Sorge um die mühsam aufgebaute Ordnung, den Tagesablauf und die Familienregeln. Wenn du allerdings dringend mal eine Pause brauchst, geht das eben nur, wenn du Verantwortung abzugeben lernst. Wir kommen noch dazu, wie ihr die Verantwortung als Familie besser aufteilen könnt. Aber bevor ihr diese Aufgabe angeht, ist es der wichtigste erste Schritt, deine eigenen Hürden zu bewältigen. Vielleicht ist dir bis hierhin klar geworden, wie sehr dich dein hohes Maß an Verantwortung quält und wie es zu einem enormen Mental Load führt. Also lohnt es sich, Stück für Stück zu lernen, gewisse Aufgaben loszulassen. Aus eigener Erfahrung kann ich dir sagen: Was einem anfangs sagenhaft schwerfällt, wird nach und nach leichter. Versprochen.

Kleine Schritte zur großen Freiheit

Wenn du schwer loslassen kannst, aber gern mal wieder Zeit für dich hättest, fang mit kleinen Schritten an. Mach einen Spaziergang und lass dein Smartphone zu Hause, weil du weißt, dass sich dort jemand kümmert, dem du vertraust. Steigere dich mit einer Nacht außer Haus und setz dir das Ziel, ein Wochenende bei Freundinnen zu verbringen. Uns fallen Veränderungen leichter, wenn wir sie in kleinen Schritten gehen. Und wir müssen auch aushalten, dass es erst mal echt schwierig scheint. Mit etwas Übung aber wird es langfristig leichter und es tut unglaublich gut, Verantwortung abzugeben und einmal frei von allen Pflichten zu sein. Selbst wenn es nur ein paar Stunden sind. Du kommst bestimmt ausgeruhter und gelassener zurück und wirst immer besser darin, den Perfektionismus ruhen zu lassen. Außerdem lernst du auf diesem Weg, deiner Familie Schritt für Schritt zuzutrauen, dass sie den Alltag auch mal ohne dich schafft. Vielleicht läuft es ohne dich zu Hause etwas anders ab, aber anders heißt nicht unbedingt schlechter.

 **Loslassen**

In welchen Situationen fällt es dir schwer, loszulassen, obwohl du es gern können würdest?

Überleg mal: Was ist das Schlimmste, was passieren könnte?

_____

_____

_____

_____

_____

Was wäre ein erster kleiner Schritt, um das Loslassen zu üben?

_____

_____

_____

_____

Was könnte ein konkretes, langfristiges Ziel in dieser Sache sein?

_____

_____

_____

_____

_____

Die eigene Komfortzone verlassen

Das Bild der Komfortzone finde ich sehr hilfreich beim Weg heraus aus Mental Load und Perfektionismus: Solange du die Kontrolle über eure Familienorganisation behältst, leidest du zwar unter Mental Load, hast aber scheinbar alles im Griff. Versuchst du, die Verantwortung abzugeben, holt dich das aus der Komfortzone heraus und befördert dich in die Angstzone. Du befürchtest, dass Termine vergessen werden, dass Chaos ausbricht und die Dinge aus dem Ruder laufen. Diese Zone macht keinen Spaß. Aber: Da musst du leider durch. Denn erst dann kommt die Lernzone, in der du merkst, dass deine Befürchtungen ziemlich sicher nicht eintreffen. Du nimmst die Herausforderung an und erwirbst neue Fähigkeiten. Du lernst, Pause zu machen, abzuschalten, den Kopf freizukriegen. Anschließend folgt die Wachstumszone. Du merkst, dass sich dein Leben leichter anfühlt und deine eigenen Ziele in greifbare Nähe rücken. Es gibt nicht nur die anderen, es gibt auch dich! Diese Wachstumszone kann dir ein wirkliches Gefühl von Freiheit vermitteln, denn ohne die Quälgeister, um die es in diesem Kapitel ging, kannst du deinen Alltag aktiver gestalten und entscheiden, was für dich und deine Familie gut ist. Von den Geistern befreit kannst du dich nun auf deinem Weg weiter voranwagen. Das nächste Kapitel macht dir bewusst, was du alles für Arbeit bewältigen musst.

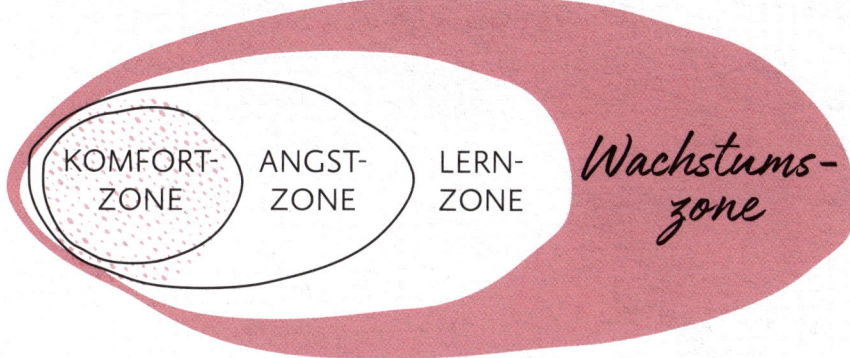

So much Work to do!
Was (be-)arbeitest du alles?

Warum qualmt Menschen, die Care-Arbeit verrichten, der Kopf besonders stark, und was ist der Unterschied zu einem Job am Computer oder am Fließband? Sich um die Familie zu kümmern ist so anspruchsvoll, weil es sich um eine Dauerbereitschaft handelt, die in erster Linie im Kopf stattfindet. In einem Bürojob kannst du den Computer und das Telefon ausschalten, um eine halbe Stunde in Ruhe Mittag zu essen. Wenn man sich um Kinder kümmert (oder Menschen, die auf Hilfe angewiesen sind), geht das nicht. Denn jeden Moment könnte unser Eingreifen verlangt oder nötig werden. Das Bewusstsein ist immer im Bereitschaftsmodus. Mental Load ist im Zusammenhang mit Care-Arbeit auch deshalb groß, weil die Arbeit nie fertig wird. Es gibt rund um Familienorganisation und Fürsorgearbeit einfach immer etwas zu tun.

 **Säulen der Familienarbeit**

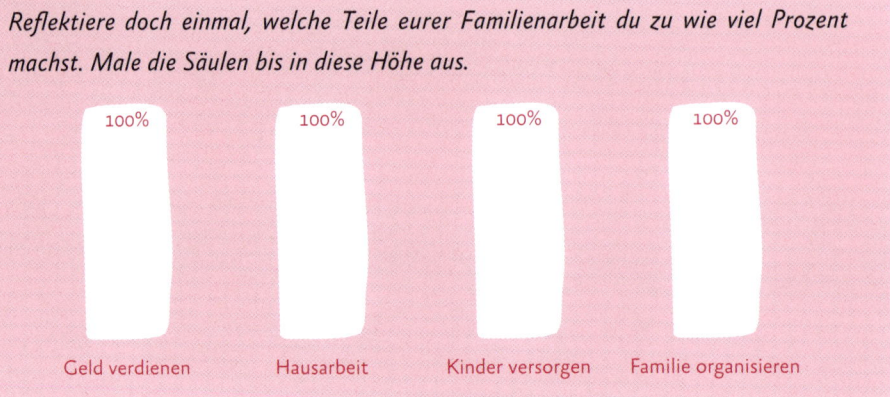

Je mehr Balken du zu über 50 Prozent ausgemalt hast, desto mehr hast du natürlich zu tun und desto mehr liegt die Last eurer gemeinsamen To-dos auf dir. Im Zuge der Diskussion um Mental Load und Care-Arbeit ist es wichtig, dafür zu sorgen, dass die Fürsorgearbeit gleichberechtigt verteilt wird. Sie wird kulturell bedingt Frauen zugeordnet und die Erwartungshaltung, dass sie sich um Kinder oder Angehörige kümmern, ist hoch. Und wenn wir diese vielen Tätigkeiten dann übernehmen, sehen wir sie nicht einmal als Arbeit an. Vielleicht warst du nach der Geburt der Kinder in Elternzeit oder bist es aktuell noch. Hast du in der Zeit auch mal den Satz gesagt: »Ich arbeite gerade nicht«? Daran erkennst du, dass wir all das, was wir zu Hause managen und erledigen und was uns streckenweise extrem viel Kraft kostet, nicht als Arbeit betrachten. Hier kommt eine kleine Übung, die dir helfen kann, achtsamer mit Sprache umzugehen und in diesem Zug »Arbeit« für dich selbst und für andere Menschen neu zu definieren:

 Care-Arbeit schätzen lernen

Versuch mal, folgende Sätze umzuformulieren, sodass deine Care-Arbeit sichtbar gemacht wird:

»Ich arbeite nicht, denn ich bin in Elternzeit.«

»Ich arbeite nur halbtags, danach kümmere ich mich um die Kinder.«

»Ich habe eine Zeit lang nicht gearbeitet, als die Kinder noch klein waren.«

_____

_____

Fiel es dir schwer, passendere Formulierungen zu finden? Ich gebe dir mal ein paar Beispiele:
- »Ich bin in Elternzeit und arbeite gerade zu Hause, wo ich mich um unser Kind kümmere.«
- »Ich bin halbtags berufstätig, nachmittags arbeite ich zu Hause, wo ich mich um die Kinder, den Haushalt und die Familienorganisation kümmere.«
- »Als die Kinder noch klein waren, habe ich zu Hause die Arbeit übernommen und in meinem Beruf eine Zeit lang pausiert.«

Care-Arbeit im Job und im Freundeskreis

Fürsorge findet übrigens nicht nur in der Familie statt. Wir kümmern uns auch um Freundinnen, Angehörige, Bekannte und Kolleginnen, indem wir ihnen zuhören und für sie da sind, wenn es ihnen nicht gut geht. Zum Glück, denn das zeugt von Einfühlsamkeit, stärkt unsere Beziehungen zueinander und macht uns für die Bedürfnisse anderer sensibel. Manchmal gerät dieses »Sich-umeinander-Kümmern« allerdings in Schieflage. Zum Beispiel, wenn du das Gefühl hast, dass eine Freundin ihre gesamten Probleme bei dir ablädt, ohne nach deinem Befinden zu fragen. Oder wenn du den Eindruck hast, dass immer du es bist, die im Büro die Geschenke für Kolleginnen beschaffen und gestalten soll. Oder es ist so, dass eine große Familienfeier ansteht und sich alle auf dich verlassen, weil du ein »Organisationstalent« bist und immer so gute Ideen hast. Aber gute Ideen zu kreieren und toll zu organisieren, bedeutet eben auch, sich Zeit zu nehmen. Kein Mensch hat einfach so ständig gute Einfälle. Deshalb haben die kreativen Köpfe unter uns schnell das Gefühl, dass es sich ihre Mitmenschen bequem machen, indem sie ihnen die Denk- und Organisationsarbeit überlassen.

Geht es dir so? Dann könnte es wichtig sein, deinen Mitmenschen gegenüber offen zu kommunizieren, wenn du keine Zeit für diese Fürsorge hast. Wenn du immerzu für andere da bist und keine Zeit findest, um auszuspannen und dich auch einmal um dich zu kümmern, bezahlst du einen hohen Preis: mit Erschöpfung und mentaler Belastung.

 **Konflikte ansprechen**

Gibt es Situationen oder Beziehungen, in denen du dich ausgenutzt fühlst, weil ein Ungleichgewicht entstanden ist? Stell dir vor, es käme eine Fee um die Ecke, die eine solche Situation für dich klärt. Du musst nichts dafür tun und niemanden damit konfrontieren. Welche Situation würdest du der Fee anvertrauen?

_____

_____

Was genau würdest du der Fee sagen, was dich daran belastet, sodass sie ein paar Anhaltspunkte hätte?

_____

_____

_____

_____

_____

Nun stell dir vor, die Fee wird kurzfristig krank, und du musst die Aufgabe doch selbst übernehmen. Was könnte ein erster Schritt sein, um das Thema auf den Tisch zu bringen? Vielleicht kannst du einen Einstiegssatz formulieren, ein Telefonat vereinbaren oder deine Familie um ein Gespräch bitten? Überlege dir nur einen ersten Schritt. Welcher wäre das?

_____

_____

Möglicherweise hast du Angst, jemanden mit einer Konfrontation vor den Kopf zu stoßen, zu verletzen oder bei den anderen jetzt als unverlässlich zu gelten.
Was wäre das Schlimmste, das passieren könnte, wenn du das Problem ansprichst?

_____

_____

Care-Arbeit hat Auswirkungen auf Beruf und Karriere

Die Mehrzahl der Mütter in Deutschland nimmt nach der Geburt eines Kindes länger Elternzeit als die Väter. Problematisch daran ist, dass sie dadurch oft kompetenter im Alltag werden, weil Kinderbetreuung, Haushalt und Familienorganisation Übungssache ist. Partner hingegen, die selten oder nie die Care-Arbeit inklusive »An-alles-denken-Müssen« allein übernehmen, können sich stets auf das Back-up verlassen, das die kompetente Partnerin ihnen bietet. Ob Haushalt, Arzttermine, Kindergeburtstag, Schul-Angelegenheiten, Packlisten für bevorstehende Urlaube oder Ausflüge, den Einkauf und die Speiseplanung – wer den Alltag nie selbst organisiert, weiß nicht, was anfällt und was es bedeutet, wenn die eigenen Gedanken laufend darum kreisen. Mütter, die länger Elternzeit nehmen oder wesentlich weniger erwerbstätig sind als ihre Partner, werden zu Organisationsgenies, sind dabei aber oft immerzu erschöpft. Verständlich, dass sie sich selbst nicht zutrauen, wieder in höherem Maß erwerbstätig zu sein, und deshalb die Elternzeit verlängern oder nur geringfügig beschäftigt arbeiten. Und da sind wir wieder beim Thema der finanziellen Abhängigkeit vom Partner und dem erhöhten Armutsrisiko im Alter. Denn je länger Frauen nicht oder wenig erwerbstätig sind, desto weniger wird in ihre Rentenkasse eingezahlt. Daher ist hier Vorsicht geboten![15] Natürlich freuen sich viele Mütter nach der Elternzeit auf den Wiedereinstieg ins Berufsleben und die Abwechslung, die damit auf sie zukommt. Aber wenn es so weit ist, kommen viele von ihnen dort gedanklich nicht richtig an, sondern grübeln über die Aufgaben, die zu Hause anfallen, oder darüber, wie es ihren Kindern geht. Wer sich immer kümmert, wird irgendwann Kümmerprofi, beherrscht die Kalenderklaviatur und weiß im Schlaf, in welchem Rhythmus Elterngespräche, Impftermine und Schuhkäufe anstehen. Leider verhindert diese familiäre Organisationsplackerei eines: den Kopf freizuhaben für sich selbst, für den Beruf, für die eigenen Leidenschaften und für Pausen vom Alltagsstress.

Frauen sind durch die lange Elternzeit meist nicht nur besonders gut darin, an alles zu denken. Sie übernehmen auch verhältnismäßig viel »Alltagstrott«. Damit sind täglich wiederkehrende und zeitlich kritische Aufgaben gemeint: Kinder vom Kindergarten abholen, Essen machen, Kinder ins Bett bringen und so weiter. Das bestätigte auch eine Studie der Unternehmensberatung Boston Consulting Group, die herausfand, dass sich Frauen eher für diesen »Alltagstrott« verantwortlich fühlen. Das war selbst dann so, wenn sie im gleichen Maße erwerbstätig waren wie ihre Partner.[16] Und eine weitere spannende Studie zum Thema Mental Load belegt, dass sich Männer im familiären Bereich einfach weniger verantwortlich fühlen, vor allem was das Vorhersehen und Identifizieren von anstehenden Aufgaben betrifft. Frauen hingegen haben eine Art Antenne für die Arbeit, die in der Familie anfällt. Unter anderem liege das auch daran, dass Mütter instinktiv wüssten, dass sie »Schuld tragen«, wenn zum Beispiel das Kind zum Schulbeginn keine Schulmaterialien dabei hat.¹⁷

Überleg mal, wer bei euch zu Hause die einzelnen Bereiche der kognitiven Arbeit übernimmt. Wer realisiert, dass ihr in den Sommerferien eine Kinderbetreuung braucht (vorhersehen), sucht die Betreuungsmöglichkeiten heraus (identifizieren), wählt die passende aus (entscheiden) und sorgt dafür, dass die Rechnung beglichen und das Kind jeden Morgen dort hingebracht wird (überwachen)?

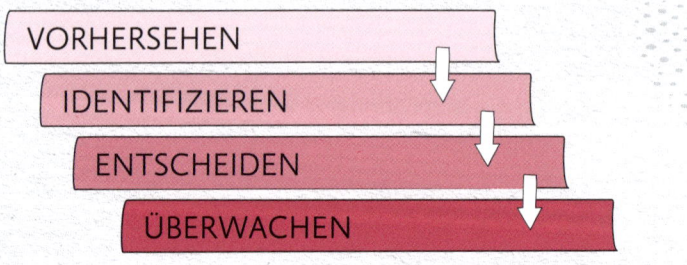 

Es kann dich schon entlasten, wenn du dir bewusst machst, dass du aus gutem Grund alle Aufgaben im Kopf hast. Auch du trägst wahrscheinlich diese unsichtbare Antenne mit dir herum, die immer auf Empfang steht, und hast sämtliche Aufgaben auf dem Schirm – weil du dich verantwortlich fühlst. Im Umkehrschluss bedeutet das nun, sich dessen nicht nur bewusst zu werden, sondern sich abzugrenzen von der Erwartung, als Mutter immerzu in der Verantwortung stehen zu müssen. Indem ihr euch zu Hause die Verantwortlichkeiten teilt und du deinem Umfeld signalisierst, dass du nicht für alles zuständig bist, kannst du deine mentale Belastung reduzieren. Eine Schritt-für-Schritt-Anleitung findest du im letzten Teil des Workbooks.

Berufstätig mit Familie: Deep Work impossible

Es gibt ein weiteres Problem, das die Berufstätigkeit betrifft: Mental Load macht die konzentrierte Arbeit – Deep Work – unmöglich, denn sie wird unterbrochen von WhatsApp-Nachrichten (»Wer möchte am Wochenende am Fußballturnier teilnehmen?«), Anrufen aus der Schule (»Ihre Tochter klagt über Übelkeit.«) oder den eigenen Gedanken (»Haben wir eigentlich schon die Ferienbetreuung der Kinder organisiert? Wann müssen die ganzen Bilderbücher zurück in die Bücherei?«). Kennst du das auch? Führst du während der Erwerbstätigkeit gedanklich To-do-Listen für die Familie, machst in der Mittagspause Arzttermine und recherchierst auf der Fahrt ins Büro Geburtstagsgeschenke? Ganz besonders anstrengend ist das übrigens, wenn du im Homeoffice arbeitest und parallel immer wieder Aufgaben aus dem privaten Umfeld erledigst.

Die Bedeutung von Deep Work ist nicht zu unterschätzen! Durch die volle Konzentration auf eine einzige Sache kommen wir effizient zum bestmöglichen Ergebnis. Jede Ablenkung kostet uns vier bis acht Minuten, um wieder in das eigentliche Thema einzusteigen, bestätigt die Zeitmanagement-Expertin Cordula Nussbaum.[18] Deep Work ist also effektiv und wichtig, aber wer mental belastet ist, ist kaum dazu fähig.

In der Tätigkeit zu versinken, die du aktuell tust, schafft Zufriedenheit. Damit dir das künftig wieder etwas besser gelingt, habe ich einige Tipps für dich. Probier davon einfach aus, was dich anspricht:

- Plan dir einmal in der Woche mindestens zwei Stunden für Deep Work ein. In dieser Zeit legst du dein Handy in ein anderes Zimmer (wir neigen sonst dazu, uns allein durch den Anblick des Smartphones ablenken zu lassen) und bist nur für den Notfall erreichbar.

- Als es noch kein Handy gab, funktionierte es auch, Eltern im Notfall zu erreichen. Plane für deine Deep-Work-Sessions vor, indem Schule und Kindergarten die Festnetznummern deines Büros oder des Sekretariats haben. Sprecht euch als Eltern ab, wer an bestimmten Tagen für einige Zeit nicht erreichbar ist. Bist du alleinerziehend, gib eine Notfallnummer deiner Eltern, deiner Nachbarin oder deiner Freundinnen an und gib ihnen über deine Deep-Work-Session Bescheid.
- Bei manchen Telefonen kann man Nummern einen besonderen Klingelton zuweisen. Wenn du das für die Nummern von Schule und Kindergarten machst, weißt du sicher bei jedem normalen Klingelton, dass es kein Notfall sein kann, der deine Kinder betrifft.
- Stell dir einen Wecker und versuche, dich in der festgesetzten Zeit nicht von deiner Tätigkeit ablenken zu lassen. Du kannst es auch mit der Pomodoro-Methode versuchen: fünfundzwanzig Minuten fokussiertes Arbeiten, dann folgen fünf Minuten Pause. Dann wieder fünfundzwanzig Minuten fokussiert arbeiten und so weiter.
- Lass dich möglichst generell nicht von eintreffenden E-Mails aus der Arbeit reißen. Nimm dir pro Tag ein paar Zeitfenster zur Bearbeitung von E-Mails und schalte das Mailprogramm in der übrigen Zeit aus. So kannst du deine Arbeitszeit aktiver gestalten und wirst in deinem Tun nicht so stark von außen gelenkt.
- Auch im Privaten brauchst du ab und zu Deep-Work-Sessions. Ob es um die Steuererklärung oder um einen Plan für die Zukunft geht: Nimm dir gelegentlich zwei Stunden, schalte Telefon und Internet aus und widme dich ganz deiner Arbeit. Schalte den Fernseher an, wenn die Kinder da sind, oder bitte deinen Partner, deine Partnerin, dich in diesen zwei Stunden keinesfalls zu stören.
- Um konzentriert am Schreibtisch arbeiten zu können, sollte dieser aufgeräumt sein. Das heißt, es liegen keine Rechnungen oder anderer Papierkram herum, der ablenken kann, sondern nur das, was du zum Arbeiten brauchst.
- Im vierten Teil dieses Workbooks wirst du mit der Mental-Order-Methode Strategien lernen, die offenen To-dos aus deinem Kopf zu bekommen. Denn

Teil 1

wenn du die Verantwortung für die Aufgaben teilen kannst, das Abgeben lernst und ein Organisationssystem nutzt, um die losen Enden in deinem Kopf zu sortieren, ist neben Entspannung und Ruhe auch der Fokus auf den Beruf wieder besser möglich.

Ein Tipp von der Journalistin und Autorin Alexa von Heyden[19]

»Wenn ich eine Deadline einhalten muss, schalte ich für mehrere Stunden ›Freedom‹ ein. Das ist ein Computerprogramm, das mich auf allen Geräten vom Internet kappt und Deep Work ohne Ablenkung ermöglicht (…)
Wie in einem normalen Büro gibt es eben auch im Homeoffice gute und schlechte Tage. Ich musste lernen, mir zu vergeben – selbst wenn ich keinen Text hinbekomme, schaffe ich letztendlich doch eine ganze Menge. Wenn's mit dem Schreiben nicht läuft, dann kümmere ich mich um das Organisatorische.«

Die Bloggerin und Autorin Cordula Nussbaum[20]

»Wenn du mehr schaffen willst von dem, was du tun musst, tu weniger.«

So machst du erholsame Pausen

Pause von der Arbeit zu machen ist extrem wichtig, um sich vor Mental Load zu schützen. Neigst du dazu, in jeder freien Minute etwas zu organisieren, aufzuräumen oder vorzubereiten? Ganz besonders Eltern, die einen Teil des Tages erwerbstätig sind und den anderen Teil für die Familie sorgen, gönnen sich meist keine Pausen zwischen den beiden »Schichten«. Auch wenn wir denken, die Zeit so besser zu nutzen, geht die Rechnung auf lange Sicht nicht auf. Wir erschöpfen uns.

Umso wichtiger ist es, sich den eigenen Tagesablauf ganz genau anzuschauen und Auszeiten konkret zu terminieren. (Einen Trick dazu erfährst du beim Kapitel zur Mental-Order-Methode am Ende des Buches.) Was gilt es in Bezug auf Pausen noch zu beachten? Hier kommen weitere Tipps:

- Wirklich effektive Pausen setzen möglichst viel Kontrast zur vorherigen Tätigkeit. Bist du am Schreibtisch tätig, verbring deine Pausen in Bewegung und nicht vor einem Bildschirm. Arbeitest du körperlich, ruhe dich im Sitzen oder Liegen aus.
- Wichtig ist, eine Pause zu machen, bevor du mit deiner Leistungskurve ganz unten angekommen bist. Beobachte dich selbst: Nach wie vielen Stunden bist du hungrig, müde oder unkonzentriert? Übe, eine Pause zu machen, noch bevor deine Leistung nachlässt. Dann ist genau die richtige Zeit dafür!
- Du kannst für eine angenehme Pause von der Arbeit am Schreibtisch ein paar Minuten nach draußen gehen. Du kannst auch eine Atemübung oder eine Meditation machen. Streck dich, lass die Schultern kreisen oder mach ein paar andere Übungen, die den Nacken entspannen.
- Probiere, neben der großen Pause von mindestens dreißig Minuten alle neunzig Minuten eine kleine Pause einzulegen (mindestens fünf Minuten) und stell dir hierfür den Handywecker.
- Nimm bewusst den Unterschied zu den Tagen wahr, an denen du die Pausen vergisst oder meinst, keine Zeit dafür zu haben.

Zusammenfassung

Ich hoffe, ich konnte dir mit dem ersten Teil des Workbooks vermitteln, dass es manchmal ganz schön schwer ist, sich von den Erwartungen anderer abzugrenzen, auch wenn es dem eigenen Schutz dient. Aber genau das ist der wichtigste Schritt. Was wir alle brauchen, ist ein mentaler Safe Space. Orientiere dich an deinen Bedürfnissen und denen deiner Familie, orientiere dich an den Menschen, die dir guttun, hör auf deine innere, wohlmeinende Stimme und schaffe einen Schutzraum für dich und dein Leben. Kritik von außen, ob subtil oder ganz direkt, wird es immer geben. Es hilft, sich der hohen Erwartungshaltung der Gesellschaft an Frauen bewusst zu werden und zu erkennen, dass du dieser weder entsprechen kannst noch musst. Mit dieser Erkenntnis fällt es dir leichter, es nicht immer wieder zu versuchen. Wichtig ist, was für dich und deine Familie gut ist, und dann deinen eigenen Weg zu gehen.

 **Praxis** — Noch mal auf den Punkt

Hier hast du die Möglichkeit, die wichtigsten Erkenntnisse dieses Kapitels für dich zusammenzuschreiben.

Welcher Gedanke hat dich inspiriert? Was hast du über dich gelernt?

Was nimmst du davon in den Alltag mit?

_____

_____

_____

_____

Welche Übung wirst du in den nächsten achtundvierzig Stunden umsetzen?

_____

_____

_____

_____

_____

 Dein Schutzraum

Schreib in diesen Kreis deinen Namen. Schreib die Namen deiner Kinder und deines Partners oder deiner Partnerin sowie der Menschen dazu, die dir ausnahmslos guttun und dich stärken. Alle anderen gehören nicht in den Kreis. Der Schutzschild um den Kreis ist extra dick, hier kommen die Ansprüche von außen und der Mutter-Mythos nicht durch. Schreib außerdem noch etwas ganz Zentrales auf:

Teil 1

Was ist in deinem Leben gut und worauf bist du stolz? Wie hast du dich als Mutter schon entwickelt? Was hast du bereits alles dazugelernt?

_____

_____

_____

_____

_____

_____

_____

_____

_____

Auf der folgenden Seite kannst du noch einmal dein Mutterbild definieren, so wie es zu dir passt. Du kannst diese Vorlage kopieren oder auf der Website www.koesel.de/mentalloadexpertin herunterladen und ausdrucken. Häng dir das Blatt am besten sichtbar an deinen Kühlschrank, damit du dich täglich daran erinnern kannst.

MEIN MUTTER-ICH

Wenn ich zu viel grüble und Schuldgefühle habe, stoppe ich mich so:

_____

_____

Mein neuer Lieblingsglaubenssatz lautet:

_____

_____

Meine innere Stimme klingt wie:

_____

_____

Diese drei Eigenschaften sind mir im Alltag wichtig:

_____

_____

_____

Mein Lieblingszitat:

_____

_____

_____

Diese drei Tätigkeiten sind mir im Alltag wichtig:

_____

_____

_____

Ich übe »Nein« zu sagen mit folgender freundlichen Formulierung:

_____

_____

Meine Freundin, mit der ich mich über Druck, Sorgen und Perfektionismus austauschen kann, ist:

_____

Meine inneres Unterstützer-Team besteht aus diesen Personen:

_____

_____

Wo möchtest du hin?

In diesem Teil geht es darum herauszufinden, wer du bist, was du möchtest und wie du es schaffst, etwas Freiraum, Leichtigkeit und Selbstfürsorge in deinen anstrengenden Alltag zu transportieren. Dein Leben ist keine To-do-Liste – auch wenn es manchmal so scheint und sich auch der Weg heraus aus dem Mental Load erst mal so anfühlen kann. Weil sich Frauen und vor allem Mütter so oft um die Bedürfnisse anderer kümmern, ganz speziell um die ihrer Familie, haben sie meist verlernt, sich auch einmal auf sich zu konzentrieren. Sie wissen deshalb nicht mehr, was sie sich wünschen und was sie brauchen. Der Mental Load macht es noch dazu schlicht unmöglich, es herauszufinden.

Darum gibt es dieses Kapitel! Denn bevor wir uns nun weiteren Lösungen für dein Mental-Load-Problem zuwenden, möchte ich mit dir zusammen darüber nachdenken, wie deine langfristigen Ziele aussehen könnten. Was wäre, wenn du weniger mental belastet wärst, mehr Zeit hättest und dich besser um dich selbst kümmern könntest? Das wollen wir herausfinden, denn wenn du nicht nur weißt, dass du mehr Zeit brauchst, sondern auch genau vor Augen hast, was du Schönes mit dieser Zeit anfangen wirst, ist die Motivation für Veränderungen noch viel größer.

Es gibt Lebensumstände, die du nicht beeinflussen kannst. Es gibt Dinge, die du dir wünschst, aber einfach nicht haben kannst. Und es gibt Ziele, die zu erreichen fast unmöglich sind. Manche Veränderungen liegen einfach nicht in deiner Hand. Aber das Gute ist: Es bleibt immer noch genug in deinem Leben übrig, auf das du Einfluss nehmen kannst. Jetzt im Moment hast du vielleicht zu wenig Zeit, einem bestimmten Hobby nachzugehen oder deine berufliche Karriere weiter in Schwung zu bringen. Aber je eher du dich mit deinen Wünschen beschäftigst und je konkreter du deine Ziele vor Augen hast, desto motivierter bist du, Wege zu finden, um diese Ziele zu erreichen. Diese Frage kann dich leiten: Gibt es etwas, das du in deinem Leben schon einmal hattest, das du vermisst und gern wieder haben möchtest? Oder ersehnst du etwas ganz Neues? Die folgenden Reflexionen geben dir Raum für genau diese Fragen.

 **Meine Träume, meine Ziele** Teil 2

Schreib einmal auf, wo du heute stehst: familiär, persönlich und beruflich.

Nun schreib auf, wo du hinmöchtest, auch familiär, persönlich und beruflich. Schränk dich nicht durch das ein, was andere von dir erwarten. Care-Arbeit ist genauso viel wert wie Berufstätigkeit, Karriere so erstrebenswert wie mehr Zeit mit den Kindern. Es ist DEIN WEG!

Überleg nun, was dich glücklich macht und in welchen Momenten du entspannt bist: mit Freunden, im Büro, zu Hause, bei einem deiner Hobbys oder vielleicht ganz allein?

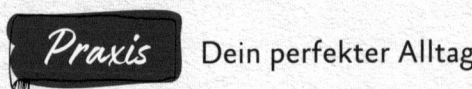 Dein perfekter Alltag

Nimm dir deinen Computer oder Papier und Stift und schreib deinen optimalen Wunschalltag auf. Und zwar vom Aufstehen morgens bis abends zum Schlafengehen. Du darfst alles in diesen schönen Tag integrieren, was du möchtest: Zeit, Geld, Karriere, Kinder, Besitz, Hobbys, Freunde ... du kannst dir selbst magische Fähigkeiten wünschen. Es ist völlig egal, wie unwahrscheinlich die einzelnen Dinge sein mögen. Wenn du fertig bist, leg deine Liste für den perfekten Alltag zur Seite und schau sie dir erst wieder einen Tag später an.

Schnapp dir am nächsten Tag Farbstifte und setze hinter alles, was du bereits in deinem Alltag hast, einen Smiley. Markiere das, was du nicht in deinem Alltag hast und was dir unrealistisch erscheint, in Gelb. Die Dinge, die in deinem Alltag fehlen, die aber theoretisch möglich wären, markierst du blau. Schreib dir nun alle blau markierten Punkte heraus und notiere hinter jedem einen ersten konkreten Schritt, mit dem du ihn in deinen Alltag integrieren könntest. Schreib dir dann alle gelb markierten Punkte heraus und überlege, für welche Bedürfnisse sie stehen. Wenn du zum Beispiel gern eine Runde über deinen Ort fliegen möchtest, fehlt dir vielleicht Abstand oder ein Überblick über dein Leben. Wenn du gern das Haus sauber zaubern möchtest, wünschst du dir mehr Ordnung im chaotischen Alltag. Orientiere dich daran, denk darüber nach, ob du ein paar Dinge davon im übertragenen Sinne wirklich in deinen Alltag integrieren kannst, und bitte andere darum, dich dabei zu unterstützen.

Lass uns noch ein bisschen konkreter werden. Notiere dir hier einen blau (oder gelb) markierten Punkt sowie einen ersten Schritt, den du in den nächsten achtundvierzig Stunden unternimmst, um deinen Alltag schöner zu machen:

 Deine Bucket-List

Teil 2

Dies ist eine ganz besondere Seite in diesem Buch. Sie lädt dich ein, dir fünf Wünsche aufzuschreiben, die du dir in deinem Leben erfüllen möchtest. Auch hier darfst du völlig aus dir rausgehen und musst nicht realistisch bleiben. Leg los und träume!

_____

_____

_____

_____

_____

_____

_____

Auf der Basis deiner Bucket-List kannst du nun zeitlich etwas genauer werden, wenn du möchtest. Du findest eine Idee für eine solche Übersicht auf der folgenden Seite. Füll sie in einem ruhigen, träumerischen Moment aus und schau sie dir immer mal wieder an. Irgendwann ist die Zeit gekommen, einen Wunsch oder ein Ziel konkret anzugehen. Wenn du dich immer mal wieder gedanklich mit deinen Wünschen und Zielen auseinandersetzt, werden sie für dich konkreter oder es ergeben sich Ideen, wie eine Umsetzung aussehen kann. Terminiere dir deine Traumstunden. Such dir ein Lied dazu aus und denk daran, wie schön es wäre, wenn ...

Eines Tages ...
DEINE PERSÖNLICHEN ZIELE

Das Aufschreiben deiner Wünsche und Ziele, die du für die nächsten Jahre hast, kann dir helfen, dich stärker auf dich zu konzentrieren. Manche Wünsche kannst du dir aktuell vielleicht nicht erfüllen oder manche Ziele sind noch nicht umsetzbar. Das bedeutet aber nicht, dass du dich nicht trotzdem auf dich selbst konzentrieren kannst. Die Ziele können Hobbys betreffen, die du erlernen oder verbessern willst, oder beruflicher Natur sein.

Ziele/Wünsche für dieses Jahr

Ziele/Wünsche für die nächsten fünf Jahre

Eines Tages ...

TIPP:

Wo und wann träumst du von deinen Wünschen und Zielen? Mach dir das möglichst konkret klar, damit es auch passieren kann. Trag es dir am besten gleich jetzt mit Datum und Uhrzeit in deinen Kalender ein.

Teil 2

Ich möchte dir zur Bucket-List etwas Persönliches erzählen. Ich habe bei meiner Freundin und Coachin Tania van den Bergh, von der du hier im Workbook noch hören wirst, vor etwa acht Jahren eine Coaching-Session gemacht. Dabei habe ich meine Bucket-List aufgeschrieben. Ich hatte zu der Zeit zwei kleine Kinder und kaum Zeit für Hobbys oder berufliche Ziele. Auf meiner Liste stand unter anderem ein drittes Kind, dass ich ein Buch schreiben und in einem Chor singen möchte. Im letzten Jahr habe ich meine Unterlagen sortiert und diese Liste wiedergefunden. Und was bemerkte ich? Alle drei Wünsche haben sich erfüllt. Es war ein wenig wie Magie. Vielleicht hat schon das reine Aufschreiben der Wünsche, die mir damals so unrealistisch erschienen, dazu geführt, dass ich unterbewusst an der Erfüllung gearbeitet habe?

 **Deine Träume, deine Ziele**

Stell dir vor, es käme wieder die gute Fee vorbei. Diesmal schenkt sie dir jeden Tag zwei Stunden Zeit extra. Womit würdest du diese Zeit am liebsten füllen?

_____
_____
_____

Stell dir einmal vor, du hättest das Ziel des Workbooks erreicht und bist gar nicht mehr oder kaum noch mental belastet. Wie würdest du das an dir erkennen? Woran würdest du bemerken, dass dein Mental Load nicht mehr oder kaum noch vorhanden ist?

_____
_____
_____

Wem aus deinem Umkreis würde vermutlich zuerst auffallen, dass sich etwas verändert hat?

_____
_____
_____
_____

Teil 2

Worüber würdest du gern mal nachdenken, wenn du den Kopf frei hättest?

_____

_____

_____

Was und wer genau steht dem im Weg?

_____

_____

_____

Was müsste sich bei euch zu Hause ändern, damit du nicht mehr so viel Verantwortung tragen müsstest?

_____

_____

_____

_____

_____

Wenn du Lust auf eine kreative Übung hast, kannst du dir eine Mindmap erstellen, die all deine Wünsche und Träume bildhaft zusammenfasst. Besorge dir eine Pinnwand oder ein großes Stück weiße Pappe. Such in Zeitschriften passende Bilder, die für deine Ziele, Träume, Hobbys und Leidenschaften stehen, oder male sie auf. Tob dich kreativ aus und erstelle eine Collage, die dich daran erinnert, dass deine Wünsche wichtig sind.
Geht natürlich auch digital!

 **Deine Lieblingsorte zum Auftanken**

Welche sind deine Top-5-Orte, an denen du dich am wohlsten fühlst? Es kann eine Stadt oder eine Sehenswürdigkeit sein, ein Museum, deine Badewanne, ein Ort in der Natur ... Was ist es bei dir?

1.
2.
3.
4.
5.

Welchen dieser Orte kannst du in den nächsten zwölf Monaten (öfter) besuchen?

 Lebe deine Facetten

Teil 2

Diese Übung für mehr Selbstvertrauen und Lebensfreude stammt von Tania van den Bergh, von der ich schon berichtet habe. Sie ist seit 2012 Coachin und Beraterin in eigener Praxis in Stuttgart. Seitdem hat sie vielen Frauen geholfen, sich und ihre Bedürfnisse (wieder) ernst zu nehmen, alte Glaubenssätze abzulegen, den inneren Kritiker zu zähmen und das Selbstwertgefühl zu stärken. Ihr Ziel für ihre Klientinnen ist es, im Leben mehr von dem zu tun, was ihnen guttut..

Hier also die Übung: *Wir sind glücklich und zufrieden, wenn wir alles von uns zeigen und leben können. Mach daher den Facettentest und zeige dir und der Welt, was alles in dir steckt.*

Erster Schritt: *Kreuze in der nun folgenden Liste alle Facetten an, die du aktuell lebst, schon einmal gelebt hast oder gern ausleben möchtest. Ergänze die Aufzählung um weitere Facetten, wenn du magst.*

Zweiter Schritt: *Erstelle deine Top 5. Welche fünf Facetten möchtest du in den kommenden vier Wochen verstärkt leben?*

Dritter Schritt: *Nimm dir fünfzehn Minuten Zeit und mach ein Brainstorming. Wie, wo oder wobei kannst du diese Facetten in den kommenden vier Wochen leben? Bei einem Brainstorming kennt die Fantasie keine Grenzen: Halte daher deinen inneren Kritiker im Zaum! Schreib alle Ideen auf!*

Top Tipp: *Hol dir für Schritt drei einen Lieblingsmenschen mit an Bord. Schnappt euch ein Glas Sekt oder eine Tasse Kaffee und sammelt fünfzehn Minuten lang Ideen, was das Zeug hält.*

Vierter Schritt: *Leite aus den Ideen vom Brainstorming konkrete Ziele, Aufgaben und Schritte ab und versieh sie mit Datum.*

Fünfter Schritt: *Du kannst aus den Zielen und Aufgaben auch Selbstversprechungen machen (dazu kommen wir später noch).*

Sechster Schritt: *Lebe deine Facetten!*

Top Tipp: *Wiederhole die Übung alle paar Monate und erstelle eine neue Top 5!*

Meine Facetten:

- Frau
- Mutter
- Ehefrau/Partnerin
- Tochter
- Schwester
- Freundin
- Tante
- Patentante
- Enkelin
- Hausfrau
- Angestellte
- Selbständige
- Gründerin
- Kollegin
- Sportlerin
- Köchin
- Bäckerin
- Handwerkerin
- Musikerin
- Sängerin
- _____
- _____
- _____
- _____
- _____
- _____
- _____

- Tänzerin
- Schauspielerin
- Leserin
- Gärtnerin
- Autorin
- Partyqueen
- Naturliebhaberin
- Tierliebhaberin
- Urlauberin
- Dekorateurin
- Erfolgreiche
- Finanz-Expertin
- Fashionista
- Beauty-Queen
- Religiöse
- Spirituelle
- Nichtstuerin
- Träumerin
- Visionärin
- Sexuelle
- _____
- _____
- _____
- _____
- _____
- _____
- _____

- Freche
- Sanfte
- Kreative
- Genießerin
- Laute
- Leise
- Wütende
- Traurige
- Ängstliche
- Fröhliche
- Lustvolle
- Witzige
- Abenteurerin
- Entdeckerin
- Prinzessin
- Sich Entwickelnde
- Lernende
- Lehrende
- Ehrenamtliche
- Politische

Teil 2

Meine Top-5

1.
2.
3.
4.
5.

Mein Brainstorming

Notiere deine Ideen vom Brainstorming zu jeder Facette auf einem extra Blatt.

Meine konkreten ersten Schritte

für Top 1. *bis wann:*

für Top 2. *bis wann:*

für Top 3. *bis wann:*

für Top 4. *bis wann:*

für Top 5. *bis wann:*

Zusammenfassung

Lass uns auch hier am Ende des Kapitels wieder schauen, was du mitnimmst.

Was war dein größter Aha-Effekt?

_____
_____
_____
_____

Was war deine wichtigste Erkenntnis?

_____
_____
_____
_____

Worüber möchtest du noch nachdenken?

_____
_____
_____
_____

Mach's dir leichter!

Nachdem du im ersten Kapitel dein Problem erkannt und dir dein eigenes Mutterbild geschaffen und im zweiten Kapitel deine Wünsche definiert hast, wollen wir jetzt gemeinsam eine neue Richtung einschlagen. Sie soll zu deinem Ziel führen: zu einem Leben ohne den ständigen Mental Load.

 **Dir den Alltag erleichtern**

Überleg mal, in welchen Alltagsmomenten du extrem gestresst bist? Was genau raubt dir Energie?

Hast du eine Idee, wie du die stressigen Momente reduzieren kannst? Wenn nicht sofort, dann langfristig? Falls ja, schreib es dir gleich hier auf. Wenn nicht, sprich mit einer dir vertrauten Person darüber, oftmals kommen dann neue Ideen auf.

Teil 3

Welche menschlichen Bedürfnisse, die du täglich hast, werden nicht erfüllt? Vielleicht Durst, Hunger, Ruhe, Anerkennung, Liebe, Nähe …? Liste auf.

_____

_____

_____

Sind darunter Bedürfnisse, die du dir selbst erfüllen kannst, indem du es dir einfach gestattest? Indem du dir Zeit für ein Buch nimmst, in Ruhe frühstückst, zwanzig Minuten Mittagsschlaf machst? Überleg einmal, was dich davon abhält, dir zumindest eines dieser Bedürfnisse täglich zu erfüllen. Formuliere mit Blick auf dieses Bedürfnis eine Bitte an dich selbst:

_____

_____

_____

_____

_____

_____

_____

Dein klares Ja

Um es dir selbst im Alltag leichter zu machen, ist es wesentlich, dass du lernst, Nein zu sagen. Doch bevor du das übst, solltest du einen ganz wichtigen ersten Schritt machen: Du solltest das Jasagen trainieren, und zwar zu dir selbst.

 »Ja, ich darf ...«

Du hast im letzten Kapitel aufgeschrieben, was deine Wünsche für die Zukunft sind und was du dafür im Alltag brauchst. Hier ist nun Raum für das, zu dem du künftig Ja sagen willst. Zum Beispiel: »Ja, ich darf erschöpft sein.« »Ja, ich darf mir Pausen nehmen.« »Ja, ich darf meine eigenen Bedürfnisse ebenso wichtig nehmen wie die meiner Familie ...« Was ist es bei dir?

Ja, ich darf _____

Ja, ich darf _____

Ja, ich darf _____

Am verlässlichsten ändern wir unser Verhalten, wenn wir konkrete Ziele haben. Dabei sind die Wenn-dann-Pläne aus der Implementation Intention Theorie von Peter Gollwitzer[21] hilfreich: Wenn du dir nur vornimmst, mehr Sport zu machen, dann bleibt dieses Ziel zu unkonkret. Du wirst es mit größerer Wahrscheinlichkeit nicht verwirklichen. Überleg dir daher, was du zu welchem Zeitpunkt tatsächlich erreichen kannst. Zum Beispiel: »Immer wenn die Kinder im Bett sind, dann übe ich zwanzig Minuten Yoga.«

Praxis »Immer wenn ..., dann ...«

Teil 3

Nimm dir mindestens drei Dinge vor und formuliere sie so konkret wie möglich:

Immer wenn _____

dann _____

Immer wenn _____

dann _____

Immer wenn _____

dann _____

Dein klares Nein

Nun kommen wir zum Neinsagen. Vielleicht gehörst du zu den Menschen, die gern häufiger Nein sagen würden. Wenn du es nicht schaffst, hat das oft Gründe, die es dir nicht erlauben. Und diese gilt es herauszufinden und zu hinterfragen. Oft ist es die Angst, andere vor den Kopf zu stoßen oder zu verletzen. Wir möchten, dass uns unsere Mitmenschen mögen, und wollen keine Konflikte herbeiführen. Wenn dies aber unser tägliches Leitmotiv wird, geraten wir in eine Falle, die unseren

Mental Load fördert: Wir sagen zu anderen Menschen und deren Wünschen oder Forderungen Ja, zu uns und unseren Bedürfnissen aber immer wieder Nein.

 **Nein sagen lernen – Reflexion**

Auf dieser Seite kannst du einmal darüber reflektieren, wie es überhaupt dazu kam, dass du gewisse Aufgabe erledigen musst. Gibt es Situationen oder Dinge, zu denen du lieber Nein gesagt hättest?

Was sprach dafür, an dieser Stelle Ja zu sagen?

JA?!?!

Warum hast du nicht Nein gesagt, was war deine Sorge oder Befürchtung?

Beim Neinsagen geht es nicht darum, nichts mehr für andere zu tun. Care-Arbeit und Fürsorge sind schließlich wichtige Bestandteile des Lebens miteinander. Und sie geben dir auch viel Kraft – es tut gut, einen Beitrag für seine Mitmenschen zu leisten. Wenn wir das Neinsagen trainieren, geht es darum, ob du bestimmte Aufgaben übernehmen kannst, ohne dich damit mental zu belasten. Oder ob du eben ab und an auch Nein dazu sagen willst. Das ist selbstverständlich Abwägungssache. Wenn Freunde oder Familie dringend deine Hilfe brauchen, willst du vermutlich für sie da sein, auch wenn dir alles gerade etwas viel erscheint. Wir schauen uns hier vor allem typische Alltagssituationen und die vielen kleineren oder größeren Gefallen an, um die dich andere Menschen bitten.

 Aufgaben abgeben

Stell dir vor, es käme wieder einmal die gute Fee um die Ecke, die dir fünf Aufgaben aus dem privaten oder beruflichen Umfeld abnehmen will – vielleicht die Arbeit im Elternbeirat, einen Fahrdienst, Besorgungen, Organisatorisches, Geschenkebesorgung, die Planung einer Feier …

Welche Aufgaben würdest du ihr liebend gern übergeben?

Was würdest du der Fee sagen, warum dich diese Aufgaben nerven oder belasten, warum sie dir zu viel sind?

Nun stell dir vor, die Fee springt ein, wird aber kurzfristig krank und du musst die Aufgaben absagen, weil du sie jetzt nicht mehr unterbekommen kannst. Was könnte ein erster Schritt sein? Könntest du einen Einstiegssatz für die Absage formulieren? Ein Telefonat vereinbaren? Deine Familie um ein Gespräch bitten? Überleg dir nur einen ersten Schritt. Welcher wäre das für jede dieser fünf Aufgaben?

Möglicherweise hast du Angst, jemanden mit der Absage einer deiner Aufgaben vor den Kopf zu stoßen, jemanden zu verletzen oder hinterher als unverlässlich zu gelten. Frage dich einmal konkret: Was wäre das Schlimmste, das passieren könnte, wenn du die jeweilige Aufgabe absagst?

Das passende Nein finden

Vielleicht nimmst du dir für diese Woche vor, Nein zu etwas zu sagen, das du nicht möchtest. Es kann für den ersten Schritt auch ein kleines Nein sein, zum Beispiel beim Friseur, wenn du gefragt wirst, ob das Wasser beim Haarewaschen eine angenehme Temperatur hat. Du kannst das Neinsagen regelrecht einüben. Nach kleineren Neins kannst du größere angehen. Du wirst merken, dass es gar nicht so schlimm ist, weil die Menschen meist nicht so negativ reagieren, wie du glaubst, sondern Verständnis haben oder sogar erleichtert über deine Ehrlichkeit sind.

Außerdem kannst du es dir und der anderen Person leichter machen, indem du dein Nein freundlich rüberbringst. Du sagst sicherlich oft Ja statt Nein, weil eine Befürchtung dahintersteht: Andere könnten dich für faul oder unfreundlich halten. Wie wäre es, eine solche Befürchtung zu identifizieren und in eine Antwort zu integrieren? Wenn du Angst hast, für unsozial gehalten zu werden, kannst du sagen: »Mir ist es wichtig, dass du weißt, dass ich gern etwas für dich tue. Aber im Moment habe ich einfach keine Zeit.« Übrigens ist es manchmal sinnvoll, einfach zu antworten: »Nein, tut mir leid, aber ich kann nicht.« Die anderen fragen in der Regel nicht nach dem genauen Grund, es könnte schließlich auch etwas sehr Privates sein. Wichtig ist auch, sich zu vergegenwärtigen: Etwas abzulehnen bedeutet nicht, die Bedürfnisse anderer zu missachten oder respektlos zu sein. Ein nettes Nein heißt, dass du für dich sorgst und die andere Seite im Blick behältst.

 **Formuliere nette »Neins«**

Vielleicht hilft es dir, ein paar Antworten vorzuformulieren, mit denen du bestimmt, aber freundlich Nein sagen kannst. Schreib dir doch hier mal zwei nette Nein-Antworten auf, damit du sie ab jetzt parat hast:

Wie der Realitätscheck helfen kann

Der folgende Text kommt von Jana-Viktoria Schwager. Sie ist Mama eines fünfjährigen Sohnes und nebenberuflich Bloggerin bei Patschehand.de. Sie begegnete mir auf Instagram und ich fand ihren »Realitätscheck« so hilfreich, dass ich sie bat, ihn mir für das Workbook aufzuschreiben. Hier sind ihre Worte:

»Es gibt keine perfekte Welt. Und ich bin auch nicht perfekt. Soll heißen: Nur weil ich gern die organisierteste, ordentlichste Frau des Planeten wäre, bin ich es noch lange nicht. Womit wir bei einer Frage an uns selbst wären: Habe ich (gerade) die Ressourcen, um ›Ja‹ zu dieser Anfrage zu sagen? Zum Beispiel der Kuchen für das Kindergartenfest. Hier muss ich oft feststellen: Nein, ich habe als Alleinerziehende keine Zeit für extra To-dos. Das ›normale‹ Programm ist schon zu viel. Ich kann nicht mal gut backen und es macht mir auch echt keinen Spaß.

Der nächste Schritt des Realitätschecks ist das Kommunizieren. Ich bin zu meiner Entscheidung gekommen und habe mir bewusst gemacht, dass ich das Perfekte-Welt-Leben nicht bieten kann, deshalb werde ich freundlich und ehrlich sagen: ›Danke, dass du an mich gedacht hast. Aber ich habe gemerkt, dass ich gerade keine Zeit dafür freischaufeln kann und auch mit meinen Kräften ganz schön am Limit bin. Ich bin mir sicher, du findest jemand anderes, der mehr Freude daran hat.‹ Kommt es nach dem Realitätscheck zu einem Ja, dann ist das eine bewusste Entscheidung.«

Auf der nächsten Seite findest du ein hilfreiches Schaubild als Entscheidungshilfe. Wenn eine Bitte, Anfrage oder Aufgabe an dich herangetragen wird, könntest du zunächst antworten: »Ich denke darüber nach und gebe dir/Ihnen in xy Stunden/bis morgen eine Rückmeldung«. So verschaffst du dir einen zeitlichen Puffer und kannst nach dem Schema des Schaubildes deine Entscheidung treffen.

NEUE AUFGABE/BITTE

Habe ich dafür mentale Kapazität?

Ja / Nein

- **Ja** → Ja sagen
- **Nein** → Mensch/Gruppe in Not → Kann jemand anderes helfen? → Nein sagen und helfen, Ersatz zu finden
- **Nein** → Mensch/Gruppe nicht in Not → Nein sagen

Bei "Ja sagen": Kann nur ich helfen? → Ja sagen und andere Aufgaben absagen

So baust du dir dein Netzwerk auf

Teil 3

Die Familie zu organisieren, den Haushalt zu führen und Kinder zu betreuen ist mitunter so stressig, dass man es als Vollzeitjob bezeichnen könnte. Kein Wunder, dass sich Eltern oft überfordert fühlen, ob sie als Paar Kinder erziehen oder sogar allein. Eigentlich war es auch nicht so gedacht, dass Kinderbetreuung und -erziehung reine Privatsache von ein bis zwei Erwachsenen ist. Erst mit der industriellen Revolution, als die Menschen in die Städte und damit auch in kleinere Wohnungen zogen, entstand das Konstrukt Kleinfamilie. Es gab keine Großfamilie mit ihren vielen helfenden Händen mehr, und über die Zeit »normalisierte« es sich, dass Eltern allein waren mit Haushalt, Kindern und Familienorganisation. Aber es ist nicht normal! Und wir brauchen andere Menschen, die uns unter die Arme greifen. Wieso ist es aber so schwer, um Hilfe zu bitten, wenn es um unsere Familie geht? Weil wir denken, wir müssten es allein schaffen! Deshalb trauen wir uns nicht, Nachbarn zu fragen, ob sie für ein paar Stunden auf unser Kind aufpassen können. Wenn wir es nicht allein schaffen, dann fühlt sich das wie Scheitern an. Dieses Denkmuster gilt es zu durchbrechen. Denn ist es doch so: Wir kommen mit den richtigen Menschen in unserem Netzwerk schneller voran, fühlen uns wohler und gestärkt. Wenn wir Menschen haben, mit denen wir unsere Aufgaben teilen – und das gilt eben auch für die Betreuung und Erziehung unserer Kinder –, dann fühlen wir uns sicher, stark und nicht mehr einsam. Auch darum sind Kita-Plätze und eine verlässliche Schulbetreuung für uns Eltern so unglaublich wichtig.

Schließt Bünde

Beginne mit anderen Eltern Bünde zu schließen. Da wir oft unterschiedliche Auffassungen vom Elternsein haben, ist es am besten, sich Eltern zu suchen, die uns ähnlich sind. Gemeinsam mit ihnen können wir Ideen aushecken, um uns gegenseitig zu unterstützen. Zum Beispiel könntet ihr einen festen Tag ausmachen, an denen dein Kind den Nachmittag bei der anderen Familie verbringt, eine Woche später tauscht ihr.

Gründet ein Erfolgsteam

Such dir für einen Austausch eine andere Mutter oder einen anderen Vater, der/dem es geht wie dir. Besonders wichtig ist das für Alleinerziehende, weil sie sich gegenseitig am besten verstehen und genau wissen, was es bedeutet, die meiste Zeit allein verantwortlich zu sein. Trefft euch einmal die Woche oder alle zwei Wochen, das geht auch digital. Sprecht über die Herausforderungen des Alltags, unterstützt euch darin, Nein sagen zu lernen oder Aufgaben zu reduzieren. Es ist leichter, gemeinsam den Perfektionismus abzulegen und sich gegenseitig dabei zu motivieren.

Etabliert einen Babysitter-Club

Hast du Nachbarn oder Nachbarinnen mit Kindern? Frag sie doch mal, ob ihr einen Babysitter-Club gründen wollt. Dafür tauscht ihr eure Jobzeiten aus und listet auf, wer an welchen Nachmittagen mit den Kindern zu Hause ist und keine Termine hat. Startet eine Messenger-Gruppe und helft euch aus, wenn eine(r) von euch einmal später nach Hause kommt oder einen dringenden Termin reinbekommt. Vielleicht könnt ihr auch einmal abends gegenseitig auf die Kinder aufpassen?

Bildet eine Spielplatz-Crew

Du hast kleine Kinder und verbringst viele Nachmittage auf Spielplätzen? Tu dich mit anderen Eltern zusammen und dann übernehmt ihr abwechselnd die Aufsicht für drei bis fünf Kinder. Gründet auch hierfür eine Messenger-Gruppe, in der es dann zum Beispiel spontan heißt: »Bin heute mit Kind auf dem Piratenspielplatz. Wer möchte sein Kind hinbringen?« Wenn die Kinder mitmachen und ihre Eltern auch mal für eine Stunde gehen lassen, haben diese Zeit, um auf einer Parkbank zu lesen, einen Kaffee trinken zu gehen oder Dinge zu erledigen.

Einkaufsservice

Es kann ganz schön nerven, immer wieder zur Drogerie fahren oder jeden zweiten Tag zum Bäcker zu müssen. Bringt euch in der Nachbarschaft gegenseitig Zahnpasta und Brot mit. Regelmäßig oder spontan sonntags zum Frühstück.

 **Mit wem willst du Bünde schließen?**

Hier kannst du dir aufschreiben, mit wem du welche Bündnisse schließen möchtest. Funk diese Menschen dann direkt mal an.

 **Praxis**   Mal dir dein Netzwerk auf

Wir brauchen Unterstützung und ein Netzwerk, um ein gutes Leben mit Kindern zu führen. Aber was ist, wenn wir nicht genug Unterstützung haben? Philippa Perry, Autorin von Das Buch, von dem du dir wünschst, deine Eltern hätten es gelesen, gibt einen hilfreichen Tipp, mit dem du dir dein Netzwerk aufbauen kannst: Nimm dir ein Blatt und male in die Mitte einen großen Kreis, in den du »ich« schreibst. Drumherum malst du weitere (orangefarbene) Kreise und schreibst alle Menschen, Vereine, Organisationen, Hilfsstellen hinein, die dir einfallen, die dich schon unterstützen oder künftig unterstützen könnten (am Ende dieses Workbooks findest du Adressen für Hilfe- und Beratungsstellen). Überleg dabei: Gibt es noch mehr potenzielle Unterstützung, wie etwa Freundinnen, den netten Vater aus dem Kindergarten, ein Mütternetzwerk, den Nachbarn, deine Verwandten, die Kirchengemeinde, Nachbarschaftshilfe oder Babysitterdienste? Schreib diese Menschen oder Anlaufstellen in (rosafarbene) Kreise. Nun zeichnest du einen Pfeil mit durchgezogener Linie von der unterstützenden Instanz zu dir, wenn dir diese Hilfe angeboten wurde, und einen gestrichelten Pfeil, wenn du selbst aktiv um Hilfe bitten musst. So hast du einen guten Überblick über all deine Möglichkeiten und siehst, wie du dich um Unterstützung kümmern kannst. Wenn dir nichts einfällt, frag mal andere Eltern, die du kennst. Denk daran: Menschen sind oft dankbar, helfen zu können.

Franny, alleinerziehende Mutter, auf Instagram: @die.franny

»Man bricht sich keinen Zacken aus der Krone, wenn man zugibt, dass es auch mal zu viel ist. Wenn man um Hilfe bittet oder angebotene Hilfe annimmt. Damit hatte ich lange ein Problem, aber seitdem ich mein Denken da geändert habe, ist unser Leben so viel bunter und freier.«

Praxis — Um Unterstützung bitten

Denk mal an eine bestimmte Situation, in der dir Unterstützung fehlt. Welche ist das?

Überleg dir nun drei Personen, die du kennst und die dich unterstützen könnten. Welche wären das?

Schreib dir im dritten Schritt auf, wie du sie bitten könntest. »Sag mal, liebe(r) xy,

Nachdem du das aufgeschrieben hast, kannst du den Plan eigentlich auch in die Tat umsetzen, oder? Trau dich! Bitte um Unterstützung, denn es ist völlig normal, dass wir die Hilfe anderer brauchen.

Mental Load in der Partnerschaft ansprechen

Wie erklärst du das Mental-Load-Problem deinem Partner oder deiner Partnerin? Wie kannst du ihn oder sie davon überzeugen, dass ihr das Problem nur gemeinsam lösen könnt? Mental Load birgt ein gewisses Konfliktpotenzial, weil es schnell so wirkt, als trage eine(r) von beiden die Schuld für das Dilemma. So entsteht auch Angst vor einem klärenden Gespräch – aus der Sorge heraus, mit der Bitte um Veränderung lächerlich zu erscheinen. Um keine Konflikte heraufzuschwören, hast du es bisher vielleicht vermieden, das Thema anzusprechen. Vielleicht lag es aber auch daran, dass du nicht wusstest, wie du es sinnvoll erklären kannst. Ich kann dir nur raten, das Gespräch zu suchen. Es lohnt sich aus meiner Erfahrung enorm. Zwei Erwachsene, die sich einen Haushalt teilen und Kinder großziehen, sind gleichermaßen für diese Bereiche verantwortlich, inklusive Familienorganisation. Also sollten sie die anfallenden Aufgaben untereinander aufteilen. Davon seid ihr weit entfernt? Dann ist jetzt Zeit damit anzufangen – in kleinen Schritten.

 **Das Gespräch vorbereiten**

Am besten kannst du dein Problem erklären, wenn du es vorher für dich definiert hast. Du kannst dir dazu noch einmal den Mental-Load-Test am Anfang des Workbooks anschauen und dich erinnern, was du angekreuzt hast und wo deine Schwerpunkte liegen. Dann notierst du hier, wie sich Mental Load bei dir äußert.

Ich fühle mich mental belastet, weil ...

Teil 3

Ich habe das Gefühl, die Verantwortung für

_____

_____ *liegt vor allem bei mir.*

Ich komme nicht raus aus dem Gedankenkarussell, weil …

_____

_____

Das Abschalten fällt mir schwer, weil …

_____

_____

Ich fühle mich mit der Familienorganisation alleingelassen. Das fühlt sich an wie …

_____

_____

Wenn du dein Problem definiert hast, überleg dir, was du brauchst, damit es dir besser geht. Schau dafür im zweiten Teil des Workbooks nach, in dem du deine Wünsche und Bedürfnisse aufgeschrieben hast. Gibt es etwas, was dein Partner/deine Partnerin konkret tun könnte? Formuliere Aussagen an dein Gegenüber, zunächst vielleicht erst einmal in deiner Vorstellung:

Es würde mir helfen, wenn …

_____

_____

Was hältst du davon, wenn ...

Es tut mir gut, wenn ...

Nun kannst du noch überlegen, was euer Ziel als Paar sein könnte.
Ich wünsche mir, dass ...

Ich möchte gern mit dir mehr ....

Ziel einer neuen Aufteilung der Verantwortung ist für mich ...

Du kannst deinen Partner oder deine Partnerin auch offen fragen: Wie siehst du das? Wie geht es dir damit? Was hast du für eine Idee? Wichtig ist vor allem, dass du deine Gefühle und deine Überforderung selbst ernst nimmst. Such dir für ein Gespräch einen ruhigen Ort und den richtigen Zeitpunkt. Abends, wenn die Kinder im Bett sind und ihr in Ruhe am Esstisch sitzt, oder bei einem Spaziergang an der frischen Luft?

Die mentale Belastung führt meist dazu, dass wir gereizt und genervt sind. Die Stimmung in der Familie wird immer schlechter, wenn es euch Eltern nicht gut geht. Mental Load ist eine extreme Belastung – für alle – und es sollte im Sinne deiner ganzen Familie sein, dass es dir besser geht. Ihr könnt darüber sprechen, wie schön es wäre, wenn ihr künftig weniger aneinander herumnörgelt; wenn ihr beide definierte Erwartungen habt, was im Haushalt auf welche Weise gemacht werden muss; wenn ihr euch dabei nicht gegenseitig kritisiert oder verbessert; wenn es weniger Frust und Ärger gibt und stattdessen mehr Zeit, Lässigkeit, Harmonie und Zärtlichkeit.

Praxis — Dein Gesprächseinstieg

Mit all dem, was du jetzt weißt und überlegt hast, kannst du versuchen, einen Einstieg in das anstehende Gespräch mit deinem Partner/deiner Partnerin zu formulieren:

Hier ist eine mögliche Formulierung, an der du dich orientieren kannst:
»Bei uns zu Hause gibt es unglaublich viel zu tun. So viele Aufgaben, die nicht nur erledigt, sondern an die zunächst einmal gedacht werden muss. Ich habe das Gefühl, dass ich einen großen Teil davon allein auf dem Schirm habe. Ich möchte alles richtig machen und scheitere an meinen eigenen Ansprüchen. Ich bin mir sicher, dass es mir hilft, wenn wir die Verantwortung für Haushalt und Familienorganisation besser verteilen.«

Der Change-Management-Ansatz

Von meiner Schwester, die als Unternehmensberaterin arbeitet, habe ich viele tolle Ansätze bekommen, die ziemlich gut in die Familienorganisation passen. Unter anderem hat sie mir vom Change-Management-Ansatz erzählt, der sich wunderbar auf die Familie übertragen lässt. Darum geht's: Die Veränderungsenergie innerhalb einer Organisation, Gruppe oder Familie setzt sich zusammen aus:
- dem Verständnis für den Grund der Veränderung (du leidest unter Mental Load) und
- der Unterstützungsbereitschaft (deine Familie möchte, dass es dir besser geht).

Das bedeutet, dass die Familienmitglieder verstehen müssen, warum sich etwas ändern soll. Du schilderst also, wie es dir geht, welche Auswirkungen der Mental Load auf dich und damit auch auf deine Familie hat und was geschieht, wenn ihr alle weitermacht wie bisher. Es klingt ein wenig hart, aber nicht immer reicht das als Argument. Jede(r) von uns steckt zeitweise viel zu tief im eigenen Alltag drin und auch wenn wir grundsätzlich gewillt sind, etwas zu verändern, fällt es uns in der Realität doch schwer. Ich denke da an meine Kinder, die mehr Haushaltspflichten übernehmen sollen, weil ich so viel zu tun habe. Sie versprechen, mit anzupacken, und dann … Na, du weißt schon … Am besten gelingt es also, wenn bei deinem Partner/deiner Partnerin und deinen Kindern die Veränderungsmotivation erhöht wird, indem du ein attraktives Bild schilderst oder ihr es gemeinsam »malt«. Dieses Bild »zieht« euch dann in die gewünschte Richtung.

Was wäre, wenn ihr die Denkarbeit verteilt und neue Lösungen für die Familienorganisation findet? Wie würde sich die Verteilung von Verantwortung auf das Familienleben und auf eure Beziehungen zueinander auswirken? Wenn das Bild positiv geschildert wird, kann sich die Veränderungsenergie vergrößern. Positiv könnte heißen: Du bist wieder besser drauf und entspannter, zu mehr Spaß aufgelegt; ihr habt mehr Zeit für Entspannung; ihr versteht euch besser; da ist mehr Freiraum; die Aufgaben sind klar definiert und jede(r) weiß, was zu tun ist …

Es hat eine Menge Vorteile, wenn sich ein Elternpaar die Familienorganisation teilt:
- *die unsichtbare Arbeit wird sichtbar gemacht und erfährt Wertschätzung*
- *es entsteht mehr Zeit für dich und deine Hobbys*
- *du kannst dich mehr auf deinen Job konzentrieren*
- *es herrscht wieder Ruhe im Kopf*
- *du musst weniger Konflikte austragen*
- *Familienarbeit und Alltag werden gemeinsam gestaltet*
- *Aufgaben und Verantwortungsbereiche zu Hause werden klar definiert*
- *ihr zeigt gegenseitiges Vertrauen in die Mutter- und Vaterrolle*
- *eure Paarbeziehung wird harmonischer*
- *beide Seiten sind ausgeglichener – und die Kinder ebenfalls*

Josephine Bernstein vom Instagram-Kanal @backpack_baby
»Ich kann meinen Alltag erst vereinfachen und vom Mental Load befreien, wenn ich weiß, wie viel ich von der Last trage und wie sie zwischen mir und meinem Partner verteilt ist. Das ist anstrengend und muss neu eingeübt werden. Am Ende steht aber etwas, das ich ›Mental Flow‹ nenne: das Freiwerden von Ressourcen, die früher vom Mental Load gebunden waren. Und es fühlt sich ganz großartig an, im ›Mental Flow‹ zu sein.«

Josephines Mann Olaf schreibt dazu auf dem gleichen Kanal:
»Mental Flow: Das ist echtes Teamgefühl und viel Vertrauen. (…) Unsere Aufgaben haben sich verzahnt. Und zwar so, dass wir jeweils unsere Stärken nutzen. Wir rechnen nicht (mehr) auf, sind nicht (mehr) neidisch oder passiv-aggressiv enttäuscht. Wir sind im Flow. Wir haben unser Leben so ausgerichtet, dass der Mental Load gut tragbar ist. Weil wir ausreichend Räume geschaffen haben, um unseren Synapsen Pausen zu gönnen. Und weil wir immer wieder alles tun, damit der Mental Flow miteinander und untereinander stabil bleibt.«

Zusammenfassung

Teil 3

In diesem Kapitel ging es darum, neue Wege einzuschlagen. Du musst natürlich nicht alles ausprobieren, was ich dir hier angeboten habe. Such dir einfach die Tipps aus, die dir gefallen haben. Wichtig ist, dir zu erlauben, um Unterstützung zu bitten.

Welcher Tipp hat dir besonders gefallen?

Dein erster Schritt, um ihn umzusetzen, ist dieser:

Du machst folgenden Schritt genau an diesem Tag:

Schreib es dir am besten JETZT in den Kalender!

Mit der Mental-Order-Methode raus aus der Mental-Load-Falle

Raus aus dem Kopf mit all den To-dos!

Die mentale Belastung entsteht vor allem dadurch, dass viele Aufgaben und Verantwortlichkeiten in deinem Kopf herumspuken und dir keine Ruhe lassen. Eigentlich möchte dir dein Gehirn einen Gefallen tun, indem es dich laufend an offene Punkte erinnert, für die es keine Lösung oder keinen Termin gibt. Das sorgt aber leider für richtig viel Stress, wenn du einfach zu viel zu tun hast. Willkommen im Eltern-Leben!

Die vielen offenen Punkte sind wie lose Fäden, die sich in deinem Kopf zu einem großen Knäuel verzotteln. Diese losen Fäden müssen auseinandersortiert und in ein Ordnungssystem gebracht werden. Das funktioniert mit der von mir entwickelten Mental-Order-Methode, kurz M.O.M., die ich dir hier vorstellen werde. Mental Load ist nicht nur die Verantwortung für zu viele Dinge, sondern gleichzeitig die Angst, etwas davon zu vergessen. Ein bedeutender Teil der Arbeit, die in deinem Kopf stattfindet (das Erinnern, das Dran-Denken und die Lösungssuche), passiert unsichtbar. Also ist es ein wesentlicher Schritt, die offenen Aufgaben und Termine aus deinem Kopf zu erfassen und die Arbeit damit gleichzeitig sichtbar zu machen. Denn nur wenn etwas sichtbar ist, können wir den Umfang ermessen, die Überlastung verstehen und etwas verändern.

Ich stelle dir nun vier Schritte vor, um deinen Mental Load zu reduzieren. Wenn du in einer Partnerschaft lebst und ihr euch einen Haushalt teilt, dann ist es extrem wichtig, diese Schritte gemeinsam zu gehen. Sonst übernimmst du automatisch wieder einen großen Teil der Arbeit. Außerdem könnt ihr nur so ein Ordnungssystem aufbauen, mit dem ihr gemeinsam arbeiten könnt. Bist du alleinerziehend oder aus anderen Gründen zwangsläufig allein verantwortlich für Haushalt, Kinderbetreuung und Familienorganisation, sind die Voraussetzungen natürlich schwieriger. Aber umso wichtiger ist es, ein verlässliches System zu etablieren und einen Überblick über die anfallende Arbeit zu bekommen – nicht zuletzt, damit du die Aufgaben identifizieren kannst, die du reduzieren oder für die du aktiv Unterstützung suchen möchtest.

Erster Schritt:
Sammeln und sortieren (wirklich alles!)

Teil 4

Ziel:

Überblick gewinnen, Care-Arbeit sichtbar machen, Familien-Wiki erstellen

Die erste Aufgabe besteht darin, alle To-dos zu sammeln, die im Rahmen der Familienarbeit (Haushalt, Kinderbetreuung, Familienorganisation) anfallen. Nimm dir zunächst einen Haftnotiz-Block, steck ihn in die Hosentasche und schreib in den nächsten Tagen jede Aufgabe auf, die dir in den Sinn kommt, und sei sie auch noch so klein und nebensächlich. Kleb die Zettel sichtbar bei euch zu Hause an einer Stelle auf – zum Beispiel an der Küchenwand. Es ist wichtig, dass auch du selbst erkennst, welche Masse an Aufgaben in nur wenigen Tagen anfällt. Aber es ist auch für deine Familie gut, diese (Denk-)Arbeit mal vor Augen zu haben. Alle Familienmitglieder sind ebenfalls dazu eingeladen, die einzelnen Aufgaben, an die sie denken müssen, auf Zettel zu schreiben und dazuzukleben.

 Was schwirrt dir gerade im Kopf herum?

Beginne am besten gleich jetzt und notiere dir: Welche drei Dinge schwirren dir aktuell im Kopf herum, an die es zu denken gilt?

_____

_____

_____

Schon hast du den Anfang deiner Liste auf Papier festgehalten, die Schritt eins der Mental-Order-Methode ausmacht.

Schau dir einmal die kostenlose App »WhoCares: Care-Arbeit erfassen« an. Unter www.whocares-app.de und bei allen App-Anbietern kannst du sie dir herunterladen und deine tägliche Sorge- und Pflegearbeit zeitlich erfassen. Sie berechnet dir sogar einen fiktiven Lohn für deine Arbeit. Diese App ist besonders hilfreich, wenn du in einer Partnerschaft lebst und für den Großteil der unbezahlten Arbeit verantwortlich bist. Den fiktiven Lohn könntet ihr als Grundlage dafür nehmen, um für dich eine private Rentenvorsorge anzulegen. Aber auch als Alleinerziehende kannst du mit dieser Arbeitserfassung einen besseren Blick für das Arbeitsvolumen bekommen, das du jeden Tag leistest.

Praxis — Euer Familien-Wiki

Teil 4

Keine Sorge, es geht hier nicht darum, dass ihr etwas programmieren oder ein umfassendes Lexikon erstellen sollt. Setzt euch einmal gemeinsam an den Tisch, geht eure Aufgabenzettel durch und schreibt alles auf, was euch sonst noch an Aufgaben einfällt. Sammelt die nächsten Wochen weiter. Es dauert eine Weile, bis alles gesammelt ist, und es werden euch immer wieder neue To-dos einfallen. Ziel ist es, ein möglichst vollständiges Familien-Wiki all der Aufgaben zusammenzutragen, die anfallen und an die gedacht werden muss. Um euch diese Aufgabe zu erleichtern, könnt ihr euch auch die ultimative Steuerboard-Liste runterladen. Ihr findet sie auf meinem Blog www.heuteistmusik.de.[22] Dabei handelt es sich um eine Excel-Datei, in der bereits eine ganze Menge an Aufgaben aufgelistet sind, die in einem Haushalt mit Kindern anfallen. Sie sind schon in Rubriken und Kategorien einsortiert, denn je besser ihr die Aufgaben in eine sinnvolle Struktur bringt, desto einfacher könnt ihr euch orientieren. Die drei Rubriken in meiner Steuerboard-Liste sind:

- *Familienorganisation*
- *Fürsorge*
- *Haushalt*

Die Kategorien sind

- *Auto*
- *Finanzen*
- *Hobby/Freizeit*
- *Kinderkleidung*
- *Papierkram*
- *Ordnung*
- *Termine*
- *Urlaub*
- *Atmosphäre schaffen*

- *Baby*
- *Elfenarbeit*
- *Erinnerungen*
- *Ernährung*
- *Erziehung*
- *Gefühlsarbeit*
- *Gesundheit*
- *Kindergarten*
- *Schule*

- *Selbstfürsorge*
- *soziale Kontakte*
- *Elektronik/IT*
- *Instandhaltung*
- *Ordnung*
- *Putzen*
- *Wäsche*

Alltagstrott

Als Alltagstrott werden Aufgaben bezeichnet, die täglich anfallen, zeitkritisch sind und nicht verschoben werden können: Kinder wecken, Frühstück machen, Kinder in die Kita oder zur Schule bringen, Mittagessen kochen, Brot kaufen, Medikamente verabreichen, Zähne putzen, Kindergartentasche auspacken und so weiter. Diese Dinge machen den Alltag stressig, denn anders als Steuererklärung, Rasenmähen oder Fahrradflicken können wir den Alltagstrott nicht verschieben.

 **Woraus besteht euer Alltagstrott?**

Schreib hier einmal auf, welche zehn Aufgaben jeden Tag anfallen, die nicht verschoben werden können. Seid ihr ein (Eltern-)Paar, macht diese Übung am besten zusammen.

Markiert euch in eurem Familien-Wiki den Alltagstrott und schaut, wer den Großteil davon macht. Wenn ihr ein Paar seid: Könnt ihr die Aufgaben neu verteilen? Wenn du alleinerziehend bist: Kannst du ein oder zwei Aufgaben mit anderen Eltern teilen (Kinder in die Kita bringen, Brot kaufen oder Ähnliches)? In der ultimativen Steuerboard-Liste könnt ihr euch den Alltagstrott heraussuchen, indem ihr nach den Aufgaben filtert, die täglich anfallen. Wie das geht, ist auf der Website in einem Video beschrieben.

Für Paare: Sucht ein altes Kartenspiel, das ihr nicht mehr braucht, überklebt es mit weißem Papier und schreibt eine Alltagstrott-Aufgabe auf jede Karte. Schaut euch nun euer Alltagstrott-Set an. Könnt ihr die Karten neu verteilen? Langfristig oder Woche für Woche?

Projekte definieren und in Schritte zerlegen

Die To-do-Listen bestehen nicht nur aus einzelnen Aufgaben, sondern auch aus Projekten. Als Projekt bezeichne ich Aufgaben, die aus mehr als einem Arbeitsschritt bestehen. Projekte sind zum Beispiel: Kindergeburtstag organisieren, Wintergarderobe auf Vordermann bringen, Fahrrad kaufen, weiterführende Schule finden, Sommerurlaub planen.

Warum ist das wichtig? Wir speichern uns ein Projekt gern als ein To-do im Kopf ab oder schreiben es auf eine Liste, und sind dann aus gutem Grund völlig unmotiviert, diesen Berg an Arbeit zu bewältigen. Es bleibt eine XXL-Baustelle im Kopf, die uns immer wieder einfällt und uns daran erinnert, was wir noch NICHT getan haben. Es ist wichtig, diese To-dos als Projekt zu identifizieren und dann in einzelne Aufgaben zu unterteilen. Eine einzelne Aufgabe anzugehen erscheint leichter, außerdem ist das Projekt auf diese Weise teilbar, sodass mehr Menschen daran arbeiten können. »Ich muss noch den Kindergeburtstag organisieren« klingt viel anstrengender als »Ich will noch nach vier Spielen für den Kindergeburtstag recherchieren«. Auf diese Weise könnt ihr auch Aufgaben an die Patentante oder einen guten Freund auslagern: »Sag mal, könntest du mir helfen und ein paar Ideen für Kindergeburtstagsspiele schicken?«

 **Projektplanung**

Steht bei dir ein Projekt an? Kindergeburtstag, Umzug, Küchenrenovierung, Familienfest? Teile es jetzt in einzelne Arbeitsschritte auf, um es handhabbarer zu machen. Seid ihr ein Paar, macht diesen Schritt unbedingt zusammen!

Mein/unser nächstes Projekt ist:

_____

_____

Das Projekt kann in folgende Einzelschritte aufgeteilt werden:

_____

_____

_____

_____

Arbeitspakete schaffen, Aufgaben verteilen

Habt ihr einen ersten Überblick über all die Aufgaben, die es zu erledigen gilt? Um langfristig Verantwortungen zu verteilen, ist es sinnvoll, Arbeitspakete zu schnüren. Sie unterscheiden sich von Projekten dadurch, dass sie regelmäßig anfallen. Als Paar könnt ihr sie besser untereinander verteilen, als alleinerziehende Mutter kannst du die Arbeit besser überblicken und dir einzelne Aufgabenpakete vornehmen (oder auslagern). Arbeitspakete sind zum Beispiel die Bereiche Wäsche, Kochen, Schule, Kita. Guckt euch die Pakete an und schreibt auf, welche Aufgaben zu diesem Paket dazugehören. Wer die Verantwortung für den Bereich Kindergarten hat, muss eine ganze Reihe Dinge auf dem Schirm haben (Wechselkleidung, Feste, Geschenke für die Erzieher, Messenger-Gruppen auf dem Handy).

Schaut als Nächstes, ob ihr einzelne Schritte reduzieren könnt (dazu mehr beim zweiten Schritt »Priorisieren und Reduzieren«). Nehmen wir zum Beispiel das Paket Wäsche. Hier tauchen Fragen auf wie: Wie sortieren wir die Wäsche? Was muss gebügelt werden? Müssen wir überhaupt bügeln? Gibt es Alternativen oder Erleichterungen wie einen Wäschetrockner? Als Paar könnt ihr Pakete nach Belieben verteilen oder Pakete, die keiner gern macht, immer mal wieder tauschen. Probiert es in der nächsten Übersicht direkt aus! Wenn du den Haushalt allein schmeißen musst, kann es dir trotzdem helfen, Arbeitspakete zu packen, um eine bessere Übersicht zu bekommen.

AUFGABENPAKETE

Zweiter Schritt: Priorisieren und Reduzieren

Ziel:
Zahl der To-dos verringern, Zeit gewinnen, sich seiner Ziele bewusst werden

Wer den Mental Load reduzieren möchte, kommt nicht drum herum, einige To-dos zu streichen und in manchen Bereichen die eigenen Ansprüche zu reduzieren.

Wenn wir unsere Standards definieren und Aufgaben reduzieren, müssen wir uns bei jeder der Aufgaben und Projekte fragen: Zahlen sie auf unser Zufriedenheitskonto ein? Wenn nicht, sollten wir in akuten Stressphasen, wenn der Mental Load hoch ist, unbedingt prüfen, ob hier nicht ein Nein angebracht ist. Schau dir auch genau an, ob du Aufgaben deshalb ausführst, um als »gute Mutter« wahrgenommen zu werden. Kochst du den Babybrei, nähst du die Hose, bastelst du die Schultüte oder backst du die Motivtorte, weil du daran Freude hast oder möchtest du damit Ansprüche erfüllen, die dir die Außenwelt auferlegt? Ist Letzteres der Fall, erinnere dich noch einmal an dein Mutter-Ich und versuche, dich von den Erwartungen und »Fleißaufgaben« abzugrenzen, sobald sie dich stressen. Warum solltest du sie nicht von der Liste streichen?

 **Was kann weg?**

> Notiere dir hier zumindest schon mal ein To-do, das du (eventuell in Absprache mit deiner Familie) in Zukunft streichen möchtest (Kuchen selber backen, Wäsche bügeln, die nächste Familienreise organisieren, jeden Sonntag das Frühstück machen …)

Versucht, euren Familienalltag nach den wesentlichen Dingen auszurichten, die eure Bedürfnisse erfüllen und euch guttun. Dazu kann auch eine aufgeräumte Küche gehören, weil so der reibungslose Ablauf gewährleistet ist und du dich wohler fühlst, was auch auf die anderen abfärbt. Dass hingegen alle Bereiche eures Zuhauses ständig aufgeräumt sind, ist ein sehr hoher Anspruch und sorgt für viel Stress.

Es gibt viele To-dos, die gestrichen werden können. Zum Beispiel denken wir oft, unsere Kinder müssten ein Instrument lernen. Aber der Druck, der dadurch entsteht, führt bei Kindern und Eltern zu viel Stress. Nimmt dein Kind Unterricht und hat langfristig keine Freude daran, du aber hast viel Aufwand mit der Organisation des Unterrichts? Zahlt dieser Unterricht auf ein Bedürfnis nach Kreativität ein oder ist der Grund eine Erwartung, der es zu entsprechen gilt? Es braucht Mut, Dinge wegzulassen. Aber dieser Mut wird mit mehr freier Zeit und weniger Mental Load belohnt!

Rechne To-dos, die nicht nötig sind, dir aber Freude machen, nicht zu den allgemeinen Aufgaben eures Familien-Wikis (Schultüte selber basteln, zwanzig verschiedene Weihnachtskekse backen …). Betrachte sie als deine persönliche Entscheidung für etwas Besonderes, das du für dich machst. Paare streiten oft darüber, wie aufwendig ein Kindergeburtstag oder wie individuell die Schultüte sein soll. Einigt euch auf gemeinsame Standards. Denkt daran, dass hohe Standards oft zu Stress führen, und überlegt euch genau, wo ihr sie setzt. Du kannst dir dazu auch noch einmal dein Mutterbild im ersten Teil des Workbooks anschauen. Du hast dort definiert, was dir wichtig ist.

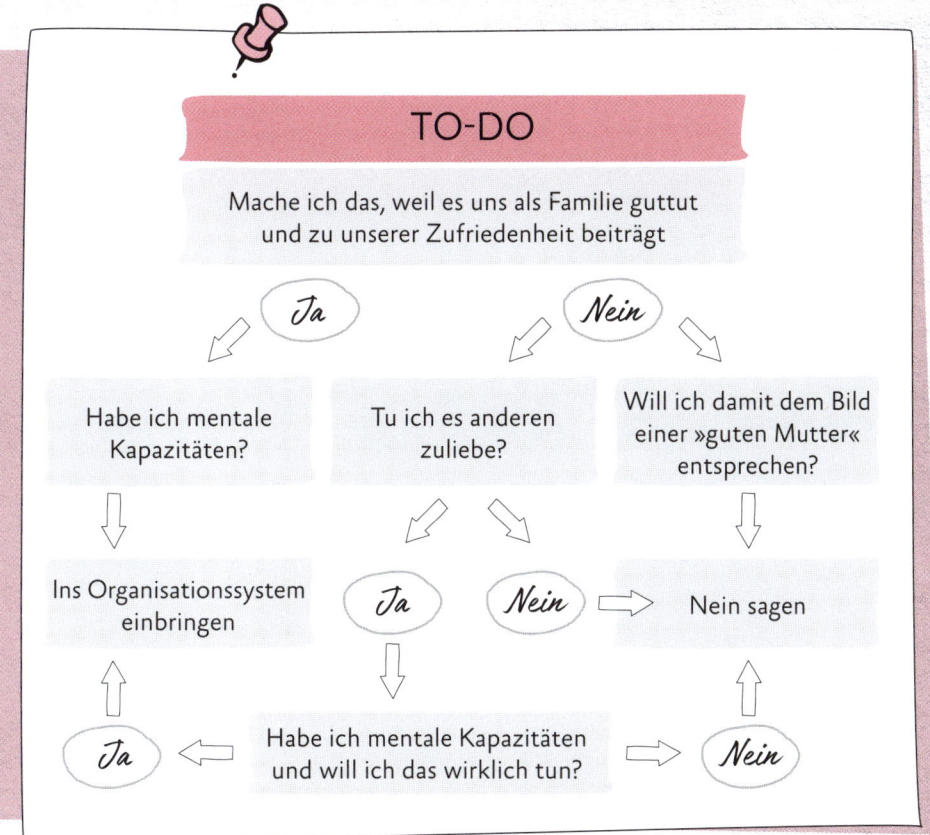

TIPP:

Schreib dir ganz bewusst eine Not-To-do-Liste mit all den Dingen, die du nur tust, um nach außen als »gute Mutter« wahrgenommen zu werden, die dir und deinen Kindern eigentlich aber nicht viel bedeuten.

NOT-TO-DO-LISTE

Standards definieren

Ich weiß, es ist nicht einfach, (gemeinsame) Standards zu definieren, aber es ist wichtig, sie sichtbar zu machen und als mögliche Quellen der Unzufriedenheit zu erkennen. Geht eure Aufgabenliste durch und sprecht über das, was euch wichtig ist. Sauberkeitsstandards können sehr unterschiedlich sein und deshalb für Konflikte sorgen. Auch das Streben nach Perfektion kann zu Konflikten führen, genauso wie Nachlässigkeit oder Gleichgültigkeit gegenüber Familienorganisation, Elfenarbeit oder Haushalt. An manchen Stellen wird es ein Balanceakt sein und das Wichtigste ist, Kompromisse zu finden.

To-do-Liste
- *Wäsche*
- *Saugen*
- *Einkaufen*
- *Wegrennen*

Auch als alleinerziehende Mutter brauchst du Standards. Du musst zwar weniger Kompromisse eingehen, aber dafür genau abwägen, welche Standards du bewältigen kannst. Hier hilft es übrigens auch sehr, sich mit einem anderen alleinerziehenden Elternteil auszutauschen.

 **Standards reduzieren**

Bei diesen drei To-dos sind meine Standards sehr hoch:

So könnte ich/so könnten wir die Standards reduzieren und uns damit trotzdem gut fühlen:

_____

_____

_____

_____

Hier sind ein paar Beispiele dazu: Früher habe ich für jedes Kind einen individuellen Adventskalender gebastelt. Weil das so viel Arbeit macht, haben mein Mann und ich irgendwann einen individuellen Kalender für alle drei Kinder zusammen gebastelt, in einem anderen Jahr haben wir drei Kalender für die Kinder gekauft. Außerdem kaufen wir mittlerweile die Muffins zum Kindergeburtstag und backen sie nicht mehr selbst.

 Priorisieren lernen

Wir neigen dazu, uns die Aufgabenlisten zu voll zu packen und jede vermeintliche freie Zeit mit Erledigungen zu füllen. So sind Pausen nahezu unmöglich. Schreib einmal auf, was du heute so machen willst: von Wäsche waschen über Mails schreiben, von Job über Care-Arbeit bis hin zu Sport und Freizeit.
Schreib nun hinter jede Aufgabe, wie lange sie in etwa dauert, und addiere die Zeit. Ich wette, du bist überrascht, wie viel da zusammenkommt. Kann es sein, dass du oft unzufrieden mit deiner Leistung bist, weil du möglicherweise überschätzt, was du an einem Tag schaffen kannst?

Priorisieren mit dem Eisenhower-Prinzip

Wie können wir Aufgaben priorisieren und wissen, welche wir streichen können? Um dir diesen Schritt leichter zu machen, empfehle ich dir, die To-dos mit dem Eisenhower-Prinzip zu priorisieren.
Hierfür zeichnest du dir diese Matrix auf:

	Wichtig	Nicht wichtig
Dringend		
Nicht dringend		

Nimm dann deine To-do-Liste und markiere die wichtigen und dringenden Aufgaben mit Leuchtstift. Diese To-dos haben Priorität! Die nicht dringenden und nicht wichtigen Aufgaben versuchst du, abzugeben oder zu delegieren. Die wichtigen und nicht dringenden Aufgaben nimmst du mit ins Küchenmeeting (dazu später mehr) und die nicht wichtigen und nicht dringenden Aufgaben streichst du komplett.

Teil 4

Dritter Schritt:
Organisieren und Verantwortung verteilen

Ziel:
Familienorganisation effizient einteilen, Verantwortung abgeben

Du hast im ersten Schritt die Denkarbeit sichtbar gemacht und im zweiten Schritt die wichtigen von den unwichtigen To-dos unterschieden. Nun geht es im dritten Schritt darum, die Organisation der vielen Aufgaben in die Hand zu nehmen, ein funktionierendes System aufzubauen und im besten Fall die Verantwortlichkeiten neu zu verteilen.

Das Organisieren war vielleicht bisher vor allem deine Aufgabe und du hast die ganze Denkarbeit im Kopf gemacht. Aber stell dir mal vor, du bist Managerin eines Großkonzerns und hast keine Assistent*innen und keinen Terminplaner, kein Online-Tool und keinen Computer. Vermutlich würdet du und das ganze Business schnell im Chaos versinken. Bei der Familienorganisation ist es nicht anders und darum brauchst du gutes Werkzeug. Es ist dabei egal, ob es sich um digitale oder analoge Systeme handelt oder vielleicht um eine Mischung aus beidem. Ziel ist es, ein Sammelbehältnis für all die Aufgaben zu finden, in das die To-dos einsortiert werden können. So bekommst du sie raus aus deinem Kopf, denn nur mit einem System, auf das du dich verlassen kannst, kannst du loslassen. Das Ordnungssystem sollte so komplex wie nötig und so unkompliziert wie möglich sein. Das Ziel ist es, immer zu wissen, dass offene Aufgaben und Projekte notiert sind und einmal pro Woche terminiert werden. Paare brauchen unbedingt ein gemeinsames System. Nur wenn beide die Arbeit auf dem Schirm haben, kann man sie auch sinnvoll untereinander aufteilen und einander vertrauen, dass die To-dos auch erledigt werden.

Tägliche Termine im digitalen Kalender

Das wichtigste Hilfsmittel ist das Smartphone. Du hast es immer dabei und kannst alle Termine planen, die die Familie betreffen. Für Paare ist es wichtig, die Kalender zu synchronisieren, sich gleichermaßen verantwortlich für die Kalenderorganisation zu fühlen und die Familientermine auf dem Schirm zu haben, selbst wenn man nicht vor Ort ist. Wenn deine Kinder schon älter sind und ein eigenes Smartphone haben, kannst du sie einbeziehen. Bei den üblichen Smartphone-Kalendern können einzelnen Familienmitgliedern Farben zugeordnet werden und es ist möglich, Notizen und Infos zum Termin zu speichern.

Ordner: Post, Unterlagen und Mails sortieren

Im Haushalt gibt es ziemlich viel Papierkram. Sammle Post, Rechnungen, Einladungen für die Kinder, Schultermine oder Überweisungsscheine für Ärztinnen und Zeitungsausschnitte in einem Postkorb.

Sicherlich bekommst du auch Nachrichten per E-Mail oder Messengerdienste, die ein To-do enthalten. Leg dir dazu einen Ordner in deinem E-Mail-Posteingang an.

Digital organisieren

Die kostenlose App Trello ist eine gute Möglichkeit, um digital zu planen. Du kannst sogar euer Familien-Wiki dort eintragen. Schreib alle Aufgaben, die anfallen, in diese App hinein. Als Paar könnt ihr Listen und Boards synchronisieren und gemeinsam daran arbeiten. Rechts oben kannst du auf das Plus-Zeichen gehen, ein Team erstellen und deine(n) Partner(in) mit ins Boot holen. Trello funktioniert wie ein Projektmanagement-Tool. Du kannst verschiedene Boards erstellen – stell dir ein Board wie einen Ordner in deinem persönlichen Regal vor. Ein Board kann »Familienorganisation« heißen, eines »Fürsorge«, ein drittes »Haushalt«, genauso wie die Rubriken in der Steuerboard-Liste. Wenn du ein Board öffnest, siehst du zunächst einmal eine leere Seite. Auf dieser erstellst du nun verschiedene Karten in den Kategorien aus der Steuerboard-Liste. Kategorien im Board »Familienorganisation« heißen dann vielleicht »Auto«, »Finanzen«, »Hobby/Freizeit« etc. Im Board »Haushalt« gibt es zum Beispiel eine Karte, die »Putzen Küche« heißt. Hier kannst du in einer Liste definieren, welche einzelnen To-dos zu einer geputzten Küche dazugehören.

Als Paar macht ihr dieses Ordnen zusammen. So seht ihr beide, welches die einzelnen Schritte sind. Aufgaben können mit Termin versehen oder mit Labels markiert werden: dringend/wichtig, nicht dringend/wichtig und so weiter.

Du kannst mit Trello Projekte wie einen

Kindergeburtstag planen, Einkaufs- und Packlisten erstellen, Besorgungen auflisten und andere To-dos notieren, die ohne ein Tool deine Hirnkapazitäten verstopfen. Auch langfristige Planungen sind hier möglich. Wer kümmert sich um die Schulkinder, wenn Ferien sind? Wann wird der Keller aufgeräumt? Was muss für den Familienurlaub beachtet werden? Denk daran, Projekte in einzelne Aufgaben zu unterteilen.

Alternative Apps, mit denen man planen kann, sind Bring!, Agantty, Out of Milk oder Evernote.

Tipp:

Eine weitere App ist sehr empfehlenswert – die »Haushalts App«. Aufgaben werden dort Punkte zugeordnet, die einem beim Erledigen gutgeschrieben werden. Wie wäre es mit einem kleinen Familien-Wettbewerb? Wer zuerst 100 Punkte hat, gönnt sich eine Massage, ein dickes Eis oder neue Sandalen. Kinder mit eigenem Smartphone machen natürlich mit.

Analog organisieren mit dem Shop-Floor-Board

Dies ist eine Alternative zur digitalen App: die analoge Shop-Floor-Methode, mit der du Aufgaben sichtbar machen und aufteilen kannst. Du kannst die Methode, die einst in der Autoindustrie entwickelt wurde, auch bei dir zu Hause anwenden. So gehts:

Du zeichnest auf ein großes Stück Packpapier oder Pappe eine Tabelle mit vier Spalten und drei Zeilen. Die Kategorien »Familienorganisation«, »Haushalt« und »Fürsorge« schreibst du in die verschiedenen Zeilen der ersten Spalte. Über Spalte zwei schreibst du »To-do«, über die dritte Spalte »In Bearbeitung« und über die vierte »Erledigt«. Wenn dir neue Aufgaben einfallen, die es zu erledigen gilt, schreibst du sie auf einen Haftnotiz-Zettel und sortierst sie in der richtigen Kategorie in das Feld »To-do« ein. Übrigens kannst du die Shop-Floor-Methode auch für Großprojekte wie die Küchenrenovierung oder einen Umzug nutzen. Benutze dafür ein extra Stück Packpapier.

Welches Modell du auch wählst, wenn du ein Ordnungssystem etabliert hast, münden alle losen Fäden aus deinem Kopf, die dich sonst so stressen, dort hinein. Im nächsten Schritt geht es darum, beim wöchentlichen Check-up die Aufgaben zu sortieren und aufzuteilen.

MENTAL LOAD SHOP-FLOOR-BOARD

	To-do	In Bearbeitung	Erledigt
Haushalt			
Termine			
Kinder			
Urlaub			

Vierter Schritt: Check-up und Küchenmeeting

Ziel:
Überblick gewinnen und Aufgaben überprüfen

Das Küchenmeeting ist das Herzstück der Organisation. Setz dich einmal in der Woche an den Küchentisch. Ein Tag am Wochenende bietet sich an, ich empfehle den Sonntag. Lade die Kinder dazu ein, wenn sie alt genug sind. Mach dir einen Kaffee und nimm dir Zeit, um die kommende Woche in Ruhe zu planen. Wenn ihr ein Elternpaar seid, macht ihr das Küchenmeeting natürlich gemeinsam.

Nun geht es daran, all die losen Fäden, die innerhalb einer Woche aufgetaucht und in das Ordnungssystem gebracht worden sind, durchzugehen und anstehende Aufgaben zu terminieren. Hierfür müssen alle Bestandteile des Systems bereitliegen: Smartphone, Postkorb, E-Mails, Apps oder Shop-Floor-Board.

Geh nun die kommende Woche Tag für Tag durch. Termine bedürfen oft einer Vorbereitung (Impfpass heraussuchen vor dem Arzttermin, Geschenk besorgen für den Kindergeburtstag). Schau dir an, an welchen Stellen es eng werden könnte. Welche Tage sind stressig und gibt es eine Möglichkeit, Termine abzusagen? Möglicherweise kannst du dir einen Bring- oder Abholdienst der Kinder mit anderen Eltern teilen. Seid ihr ein Elternpaar, geht alle Schritte gemeinsam durch, sodass beide eine Übersicht über Termine und Aufgaben bekommen. Nur wer weiß, was alles anfällt, kann die Dimension von Familienorganisation abschätzen und steuern.

 **Stress rausnehmen**

Hier kannst du einmal drei Situationen aufschreiben, die in deinem Alltag für Stress sorgen (das morgendliche Fertigmachen im Flur, das Abholen der Kinder, das abendliche Zähneputzen …). Bring sie beim Küchenmeeting auf den Tisch und überlegt dann gemeinsam, wie man diese Momente weniger anstrengend gestalten kann. Bist du alleinerziehend, ruf eine Freundin oder einen Freund an und überlege mit ihr oder ihm gemeinsam!

Diese drei Situationen sorgen für sehr viel Stress:

_____

_____

_____

Aufgaben planen

Nach den Terminen gehst du alle Aufgaben durch, die sich in deinem Ordnungssystem angesammelt haben. Das können Aufgaben aus dem Poststapel sein, solche, die per E-Mail oder Messengerdienst gekommen sind oder die du unter der Woche notiert hast (digital oder analog). Schau, welche davon wichtig und dringend sind, und terminiere sie als Erstes. Seid ihr ein Paar, unterhaltet euch darüber, wie die jeweilige Aufgabe erledigt werden muss, und einigt euch auf einen Standard. Wenn ihr mit der Haushalts-App arbeitet, könnt ihr für die Aufgaben direkt Punkte vergeben.

Gibt es Aufgaben, die wichtig, aber nicht dringend sind? Überlege, welcher Zeitraum passend wäre und terminiere sie in die Zukunft. Gibt es jemand aus deinem Netzwerk, der dir dabei helfen kann?
Gibt es Aufgaben, die dringend, aber nicht wichtig sind? Kannst du sie an andere delegieren oder hast du Geld übrig, um eine Dienstleistung einzukaufen? Schau dir alle Aufgaben an, die weder wichtig noch dringend sind, und entscheide, ob du dafür Kapazitäten hast oder nicht. Trainiere mit den Übungen aus dem Workbook, Aufgaben abzulehnen, abzusagen oder direkt zu streichen.

 **Sortieren und Planen**

Mit dieser Übersicht kannst du anstehende Aufgaben so einteilen, dass sie dir nicht mehr im Nacken sitzen.

Diese Aufgabe im Alltag ist wichtig und dringend, ich erledige sie als Erstes:

Diese Aufgabe im Alltag ist wichtig, aber nicht dringend:

_____

_____

Für wann könnte ich sie terminieren?

_____

_____

Diese Aufgabe ist dringend, aber nicht wichtig:

_____

_____

An welche Person könnte ich sie delegieren?

_____

_____

Nur Mut! Diese Alltagsaufgabe ist nicht dringend und nicht wichtig. Sie kann gestrichen werden:

_____

_____

Aufgaben verteilen

Merkst du, wie du Schritt für Schritt mehr Klarheit bekommst und es sich schon etwas leichter anfühlt? Schauen wir uns jetzt noch an, wie sich die Aufgaben innerhalb der Familie besser verteilen lassen. Lebt ihr als Elternpaar zusammen, habt ihr verschiedene Möglichkeiten, Aufgaben aufzuteilen. Nehmt euch die Vorlage für Arbeitspakete vor und schaut, ob ihr Aufgaben zu einem Paket schnüren und lang- oder kurzfristig einer Person zuordnen könnt. Schaut nach Vorlieben oder praktischen Gründen. Wichtig ist dabei: Eine Aufgabe auszuführen bedeutet auch, die Verantwortung für diese Aufgabe zu übernehmen, also auch daran zu denken. Gewisse Verantwortungsbereiche könnt ihr komplett aufteilen: Einer kümmert sich hauptverantwortlich um die Wäsche, die andere um Speiseplan und Kochen. Eine um Kindergarten oder Schule, der andere um Urlaub und Arzttermine.

Wenn du mit der Shop-Floor-Methode arbeitest: Schreib Aufgaben auf einen Haftnotiz-Zettel oder nimm die vorhandene Haftnotiz und kleb sie in das Feld »In Bearbeitung«.

Eine Woche später überprüfst du oder überprüft ihr im nächsten Küchenmeeting, ob alle Aufgaben bearbeitet wurden. Was vergessen wurde, muss (von der für die Aufgabe verantwortlichen Person) nachgeholt werden. Mit diesem wöchentlichen Check fällt es leichter, loszulassen. Das Küchenmeeting reduziert die Angst, dass Aufgaben untergehen könnten, ebenso wie deinen Kontrollzwang. Du musst dich oder deinen Partner, deine Partnerin nicht immer wieder fragen, ob eine bestimmte Aufgabe schon erledigt wurde.

Tipp von Ella aus der Rubrik »Frag mich mal«, die regelmäßig in der Wochenzeitung »Die Zeit« erscheint[23]

»Die Nervigkeit von Hausarbeit wird ja unterschiedlich empfunden. Ich zum Beispiel kann nicht mit Haaren im Bad, schon gar nicht in Abflüssen, würg, bügle dafür aber mit großer Leidenschaft und putze auch gern mal Fenster. Ihr könntet alle Arbeiten im Haushalt auf Karten schreiben, anschließend vermerkt jeder Punkte, die den eigenen Widerwillen beziffern. Breitet sie auf dem Tisch aus und zieht nacheinander Aufgaben, die ihr zu übernehmen bereit seid; der Rest wird ausgeteilt. Wichtig ist, dass am Ende jeder von euch in etwa gleich viele eigene Ekelpunkte auf der Hand hat.«

Rechne damit, dass Frauen automatisch die Care-Arbeit zugeteilt wird. Meist ist es die Mutter, die von anderen gefragt wird, was sich die Kinder wünschen. Sie wird beauftragt, Kuchen zu backen oder den Wandertag der Schule zu begleiten. Werde daher nicht müde, deinem Umfeld mitzuteilen, dass auch der Vater der Kinder Verantwortung trägt, oder dass du als alleinerziehende Mutter nicht das gleiche Pensum schaffst wie Elternpaare.

Freizeit und Freiraum

Bei all den Aufgaben, die es zu bewältigen gilt, neigen wir dazu, die nötigen Freiräume zu vergessen. Plane deshalb ganz bewusst an jedem Tag kleine Pausen für dich ein und terminiere mindestens eine größere Pause pro Woche. Frag dich immer: Wie stark ist mein Mental Load? Wie dringend ist mein Bedürfnis nach Erholung?

 **Freie Zeiten sollten fix geplant werden**

Am besten schreibst du dir dein Vorhaben so konkret wie möglich auf. Diese Übersicht macht das leichter:

Wann ist im Alltag ein guter Zeitpunkt für eine tägliche kleine Pause und was wirst du da tun?

_____

_____

Wann ist in der Woche ein guter Zeitpunkt für eine größere Pause und was wirst du da tun?

_____

_____

Wann ist in den nächsten Monaten Zeit für eine Auszeit und was wirst du da tun?

_____

_____

_____

Wenn du aktuell keine größere Auszeit einplanen kannst, kannst du schon mal darüber nachdenken, ob es langfristig eine Möglichkeit gibt. Blockiere immer mal wieder ein Wochenende, für das du keine Termine annimmst. Reserviere es für dich, für deine Kinder oder reserviert es für euch als Paar. Ob kleine oder große Pausen, Hobbys, Spaziergänge, Sport oder Kreativität: Nimm diese Dinge mindestens so wichtig wie alle anderen Termine und Aufgaben. Wenn dein Alltag aktuell stressig ist und du keine kurzfristige Möglichkeit siehst, ihn zu entschleunigen: Ist es möglich, langfristig etwas zu verändern? Würdest du dich gern beruflich verändern und Arbeitszeit reduzieren oder aufstocken? Hast du Karrierepläne oder möchtest du mehr Zeit für die Familie?

Gibt es etwas, das du erlernen oder ausprobieren willst? Gibt es etwas, das ihr als Paar gemeinsam machen möchtet? Im Alltag gehen solche Wünsche unter, wer sich aber bewusst die Zeit dafür nimmt, kann Pläne schmieden und auch schwierig umzusetzende Änderungen angehen, um sie Schritt für Schritt zu verwirklichen. Wichtig dafür ist immer ein Netzwerk, das dich oder euch dabei unterstützt. Für Alleinerziehende bietet sich das Erfolgsteam an (siehe Kapitel »So baust du dir dein Netzwerk auf«). Sprich einmal im Monat mit deiner besten Freundin, deinem besten Freund oder deiner Erfolgsteam-Partnerin darüber, wie du es schaffen kannst, deine eigenen Ziele umzusetzen. Denk daran, dass deine Ziele dir überlassen sind. Versuch, dich mithilfe der Übungen aus dem Workbook nicht von der Meinung anderer darin beeinflussen zu lassen, was du als Frau oder Mutter zu tun oder zu lassen hast. Erinnere dich dafür auch immer wieder an dein eigenes Mutterbild.

Für Paare: Feedback geben

Beim Küchenmeeting ist auch Zeit und Raum für Kritik. Meckert eine(r) zu viel an der anderen Person herum, wurden Aufgaben oder Termine oft vergessen oder nicht für wichtig genug erachtet? Passen die Standards noch oder neigt eine(r) von euch zu Perfektionismus? Reguliert euch als Partner gegenseitig und findet so einen guten Kompass für das, was euch als Familie wichtig ist.

Übrigens ist es fatal, das Küchenmeeting ausfallen zu lassen. Eltern werden von einer Flut an Aufgaben überschwemmt und der Mental Load steigt zwangsläufig, wenn ihr sie nicht sortiert. Viel zu schnell seid ihr wieder in alten Mustern. Ist eine(r) von euch auf Geschäftsreise, kann das Küchenmeeting online stattfinden und er oder sie kann trotzdem Aufgaben übernehmen: Kindergeburtstagsgeschenk ausdenken und online bestellen, Handwerker anfordern oder Termine planen geht auch außer Haus.

 **Deine Alltagsroutine**

> So gut man auch plant, die Woche besteht vor allem aus Alltag. Und da ist es wichtig, immer wieder einen Überblick über den Tag zu bekommen. Genau dabei hilft dir eine Morgenroutine. Schau dir zu Beginn des Tages an, was heute ansteht. Priorisiere die Aufgaben und hab die dringenden und wichtigen Dinge auf dem Schirm.
> Notiere dir kurz:
> Was ist das Wichtigste für heute?
> Wann kann ich Pausen einschieben?
> Was ist das Tagesziel?

Ganz egal ob Care-Arbeit oder Erwerbstätigkeit: Die kurze Zeit, sich zu sammeln und die To-dos zu scannen, lohnt sich immer, auch wenn der Tag voll ist. Denk immer daran, dass wir dazu neigen, uns zu viel vorzunehmen, und streich am besten pro Tag gleich mal eine Aufgabe weg.

Wenn täglich neue Aufgaben auf dich zukommen, frag dich jedes Mal: Ist diese Aufgabe so wichtig, dass du deine wertvolle Zeit und deine geringen Ressourcen dafür aufwenden solltest? Musst du die Aufgabe sofort erledigen oder kannst du sie erst einmal in das Organisationssystem einbringen, um sie dann beim sonntäglichen Küchenmeeting weiterzuverarbeiten? Auf den nächsten beiden Seiten findest du Vorlagen, mit denen du morgens einen Überblick über den Tag bekommen kannst. So hast du schon einmal die wichtigsten Dinge aufs Papier gebracht.

MEIN TAG

Datum:

Meine Termine

To-dos

6–8 Uhr

8–10 Uhr

10–12 Uhr

12–14 Uhr

14–16 Uhr

16–18 Uhr

18–20 Uhr

20–22 Uhr

Die drei wichtigsten Aufgaben

Aufgaben, die ich streichen kann

MEIN TAG

Datum:

Meine Pausen

Darauf freue mich mich heute

Mein Tagesziel

Kreise ein, was du heute für dich machen willst

Schlusswort

Jetzt ist erst einmal Zeit für einen dicken Applaus! Du hast das Workbook durchgearbeitet und dich mit einem großen Problem auseinandergesetzt: deinem Mental Load. Ich hoffe sehr, dass ich dir mit den Inhalten und praktischen Anregungen helfen konnte.

Aus der psychologischen Forschung weiß man, dass es nicht ausreicht, nur Informationen aufzunehmen. Man muss auch etwas für die gewünschte Veränderung tun. Je aktiver du wirst und je öfter du zum Beispiel um Hilfe bittest, desto mehr wird sich für dich zum Guten wenden. Unternimm lieber regelmäßig kleine Schritte, als mit allem gleichzeitig zu starten und rasch die Puste zu verlieren. Schritt für Schritt kommst du voran. Loslassen lernen, nicht mehr so perfektionistisch sein oder gemeinsam mit der Familie ein Organisationssystem aufbauen – all das braucht Geduld und Zeit. Aber das Handeln ist der entscheidende Schritt. Daher möchte ich dich noch einmal ermuntern, die Dinge, die du in diesem Buch definiert hast, in die Tat umzusetzen.

Einiges hast du bereits getan! Du hast dich im ersten Schritt dazu entschieden, dich mit einem Problem zu konfrontieren. Im zweiten Schritt hast du dich mit diesem Workbook auf den Weg gemacht, Lösungen zu finden. Nun folgen weitere Schritte: Du integrierst die Übungen, Tipps und Impulse, die dich angesprochen haben, in deinen Alltag. Das klappt am besten, wenn du dir täglich vor Augen führst, wo du hinwillst – in Kapitel zwei hast du es dir erträumt. Nach einiger Zeit wirst du realisieren, dass sich dein Alltag leichter anfühlt und die Übungen Wirkung zeigen. Du fühlst dich deinen Wünschen und Zielen näher und erlaubst dir, Pausen zu machen. Das Ordnungssystem funktioniert und du verfällst immer seltener in alte Muster.

Leg das Workbook zu Hause an eine Stelle, an der du immer wieder vorbeikommst. Kopier dir Vorlagen wie das Care-Arbeit-Tagebuch oder schneid dir sogar die Entscheidungshilfen heraus, um sie dir in den Flur oder an den Kühlschrank zu hängen.

> **TIPP:**
> Du kannst acht Wochen, nachdem du das Workbook beendet hast, den Mental-Load-Test aus dem ersten Teil noch einmal machen. Ist der Wert gesunken? Dann haben die Übungen bereits Wirkung gezeigt. Grundsätzlich aber ist der Erfolg weniger über konkrete Zahlen messbar als vielmehr über das verbesserte Grundgefühl im Alltag.

Manchmal gibt es Umstände, die es unmöglich machen, den Mental Load aufzulösen. Schließlich sind dafür verschiedene Faktoren maßgeblich, die du nicht immer beeinflussen kannst: ein Umfeld, das dich unterstützt, deine eigene Widerstandskraft, der Mut, Veränderungen anzugehen, und natürlich die Gegebenheiten deines Lebens. Vielleicht gibt es Momente, in denen dein Mental Load hoch ist und eine Weile so bleibt. Aber mit der Mental-Order-Methode hast du in jedem Fall einen Werkzeugkasten an der Hand, um die vielen To-dos zu strukturieren. Das hilft in extrem anstrengenden Zeiten, weil du deinem Mental Load nicht mehr hilflos ausgeliefert bist.

Mir ist abschließend wichtig, zu betonen: Wir brauchen unbedingt eine gesellschaftliche Debatte über Mental Load. Denn es liegt nicht an der individuellen Organisationsfähigkeit der Mütter. Wir brauchen Modelle, wie wir Familien entlasten können und wie wir es schaffen, Care-Arbeit gerechter zu verteilen. Wir brauchen konkrete Angebote, wie sich Mütter um Familie und finanzielle Sicherheit gleichermaßen kümmern können, ohne dabei ständig erschöpft zu sein. Du hast nur dieses eine Leben. Es ist wunderschön, den Alltag mit deinen Liebsten zu teilen und für sie da zu sein. Aber auch du hast Bedürfnisse und den Wunsch danach, dein Leben aktiv zu gestalten. Ich drücke dir die Daumen, dass du immer wieder Oberhand über deinen Alltag bekommst, ohne von deiner To-do-Liste getrieben zu werden.

Ich wünsche dir das Allerbeste!

Deine Laura

Relieve the Mental Load

 Deine Playlist gegen Mental Load

Verabschieden möchte ich mich mit einer letzten Übung: Erstell dir deine Musik-Playlist gegen Mental Load. Speichere sie in deinem Smartphone ab und höre die Titel je nach Stimmung so oft es geht. Und sing mit, denn wusstest du, dass du nicht gleichzeitig grübeln und singen kannst? Meine Tipps: »Ain´t your Mama« von Jennifer Lopez, »This girl is on fire« von Jessica Mears, »Ein leichtes Schwert« von Judith Holofernes.

MEINE ULTIMATIVE ANTI-MENTAL-LOAD-PLAYLIST

Den Kopf frei kriegen geht am besten mit Musik. Sie kann auch helfen sich daran zu erinnern, den blöden Perfektionismus zu überwinden, Ja zu sich selbst und Nein zu den Erwartungen der Gesellschaft zu sagen. Am besten ist es, direkt mitzusingen, denn das ist kein Witz: Wer singt, kann nicht gleichzeitig To-do-Listen abspulen.

Free your mind

mein Ohrwurm

davon kenn ich den ganzen Text

stoppt das Gedankenkarussell

Entspannt so schön

das macht mich locker

erinnert mich daran, was wirklich zählt

nimmt den Druck

Mut zum Nein-sagen

macht mich bärenstark

verleiht mir Kraft

macht mir Mut

Zum Herunterkommen

wenn ich gestresst oder besorgt bin

wenn ich verärgert oder genervt bin

wenn ich mich einsam fühle

Entspannt so schön

verbinde ich mit schönen Erinnerungen

beruhigt mich

lässt mich träumen

Hilfreiche Websites und Adressen

BKE – Elternberatung – Über die Seite www.bke-elternberatung.de findest du eine Beratungsstelle in deiner Nähe und sogar eine Online-Sprechstunde

Caritas – Online-Beratung oder Auskunft über Beratungsstellen in der Nähe www.caritas.de/hilfeundberatung/onlineberatung/eltern-familie

Deutsche Arbeitsgemeinschaft für Jugend- und Eheberatung e.V. – Über den Online-Beratungsführer der (DAJEB) kannst du nach einer Beratungsstelle in deiner Nähe suchen. www.dajeb.de/beratungsfuehrer-online/beratung-in-ihrer-naehe

Diakonie – Die Diakonie ist der soziale Dienst der evangelischen Kirchen. www.diakonie.de

Telefonseelsorge – Die Telefonseelsorge ist ein Beratungsangebot der evangelischen und katholischen Kirche. Die Nummer ist rund um die Uhr unter 0800 111 0 111 und 0800 111 0 222 erreichbar.

Elterntelefon – 0800 111 0550, www.nummergegenkummer.de/elterntelefon

Familienportal des Bundesministeriums für Familie, Senioren, Frauen und Jugend www.familienportal.de/familienportal/lebenslagen/krise-und-konflikt

Jugend- und Familienberatungszentren – Spezielle Beratungsangebote von Jugendämtern oder Erziehungs- und Familienberatungsstellen (EFB) richten sich vor allem an Eltern, die getrennt lebend oder geschieden sind, verwitwet sind oder aus anderen Gründen allein die elterliche Sorge wahrnehmen. Neben den Eltern selbst haben aber auch andere Umgangsberechtigte und Personen, in deren Obhut sich das Kind befindet, Anspruch auf Rat und Unterstützung. Tipp: Such mal im Netz nach »Familienberatungsstelle« und gib den Namen deiner Stadt dazu ein.

Sefra – Notruf und Beratung für Frauen – Ein gemeinnütziger Verein und Träger eines unabhängigen Frauenprojektes. www.sefraev.de

Verband Alleinerziehender Mütter und Väter – Informationen, professionelle Beratung und Lobbyarbeit für Alleinerziehende. www.vamv.de

Wellcome – Das Sozialunternehmen für Familien – Hier gibt es Hilfe nach der Geburt und auch eine Schrei-Ambulanz. www.wellcome-online.de

Tania van den Bergh – Systemische Coachin & Schema-Beraterin, bietet Online- und Präsenzcoaching sowie Modulare Coaching-Programme an, um alte Muster und Blockaden zu lösen, in mehr Selbstverantwortung, -liebe und -wertgefühl zu kommen sowie persönliche Ziele endlich zu erreichen.
www.vandenbergh-coaching.de Instagram: @tania.vandenbergh

Buchtipps für Alleinerziehende – Christine Finke: *Finanzplaner für Alleinerziehende. Geld und Recht: Das steht Ihnen zu*, Stiftung Warentest, Berlin 2019. Pia Volk: *Mama, sind wir bald da? Mein Sohn und ich und wie wir die Welt eroberten*, Freiburg 2014.
Alexandra Widmer: *Stark und alleinerziehend. Wie du der Erschöpfung entkommst und mutig neue Wege gehst*, München 2016.

Instagram-Kanäle mit Community für alleinerziehende Mütter – @onemomshow_offiziell, @solomuetter

Betreuungstandem über Mami-Connection finden – Blog und Community sind eine Plattform für Mütter, um sich gegenseitig zu unterstützen, Freundinnen zu finden und sich auszutauschen. www.mami-connection.de

Anmerkungen

1. Diese Angabe gilt für 2019, laut Statista: https://de.statista.com/statistik/daten/studie/318160/umfrage/alleinerziehende-in-deutschland-nach-geschlecht/ (zuletzt abgerufen am 30. Oktober 2021).
2. Stefanie Luxat: Wie befreien wir uns von den Erwartungen anderer? Mein Interview mit Glennon Doyle, https://www.ohhhmhhh.de/interview-untamed-glennon-doyle/ (zuletzt abgerufen am 30. Oktober 2021).
3. in der Sendung »Gestresste Mütter«, Frau tv im WDR vom 03.02.2017.
4. Diese Fragen sind inspiriert von The Work von Byron Katie. Siehe auch ihr Buch: Lieben, was ist, München 2002.
5. »Konkurrenzkampf mit Kinderwagen«, mdr Fernsehen, https://www.ardmediathek.de/video/nah-dran/konkurrenzkampf-mit-kinderwagen/mdr-fernsehen/Y3JpZDovL21kci5kZS9iZWl0cmFnL2Ntcy85ZWY1YTExYi1jNDlmLTQ2MmQtODRiNC0zMTI1NzkyODc5NjM/ (zuletzt abgerufen am 30. Oktober 2021).
6. »Von Blumenkohl kriege ich Albträume«, Gespräch zwischen Alexander Neumann-Delbarre und Morris Villaroel, Zeit Nr. 19, 2021.
7. Birgit Schönberger: »Schuldgefühle«, in: Psychologie heute, 07/2021.
8. Dr. Doris Wolf: Wenn Schuldgefühle zur Qual werden. Selbstvorwürfe ablegen – sich verzeihen lernen, Mannheim 2014, Seite 66.
9. https://www.mami-connection.de/ (zuletzt abgerufen am 30. Oktober 2021).
10. https://bumble.com/de/ (zuletzt abgerufen am 30. Oktober 2021).
11. Florian Schröder in der NDR Talkshow: https://www.youtube.com/watch?v=T_ZWIHcE4LI&t=1s (zuletzt abgerufen am 30. Oktober 2021).
12. Gemma Hartley: Es reicht. Warum Familien- und Beziehungsarbeit nicht nur Sache der Frau ist, München 2019, Seite 320.
13. Ebenda, Seite 322.
14. @meinesvenja (18. Juni 2021 auf Instagram).
15. Mehr zu den Zusammenhängen und den gesellschaftlichen Strukturen, die Mental Load fördern, findest du in meinem Buch Die Frau fürs Leben ist nicht das Mädchen für alles, München 2020.
16. Jennifer Garcia-Alonso et al.: Lightening the Mental Load that holds women back, in: https://www.bcg.com/de-de/publications/2019/lightening-mental-load-holds-women-back (zuletzt abgerufen am 30. Oktober 2021).
17. Jessica Grose: Why women do the household worrying, in: https://www.nytimes.com/2021/04/21/parenting/women-gender-gap-domestic-work.html (zuletzt abgerufen am 30. Oktober 2021).
18. Podcast »Endlich Om«, Folge 25: »Wie bekommen wir wieder mehr Zeit fürs wirklich Wichtige?« Gespräch mit Cordula Nussbaum, https://www.ohhhmhhh.de/podcasts-endlich-om/ (zuletzt abgerufen am 30. Oktober 2021).
19. Alexa von Heyden: Willkommen auf der Chef:innen-Etage, in: https://www.ohhhmhhh.de/homeoffice-arbeitszimmer-alexa/?mc_cid=fbd6be2b4&mc_eid=b041e62b98 (zuletzt abgerufen am 30. Oktober 2021).
20. Podcast »Endlich Ohhhmmm«, Folge 25: »Wie bekommen wir wieder mehr Zeit fürs wirklich Wichtige?« Gespräch mit Cordula Nussbaum, https://www.ohhhmhhh.de/podcasts-endlich-om/ (zuletzt abgerufen am 30. Oktober 2021).
21. Mehr darüber findest du hier: Tanya Faude-Koivisto & Peter Gollwitzer: Wenn-Dann-Pläne. Eine effektive Planungsstrategie aus der Motivationspsychologie, in Bernd Birgmeier (Hrsg.): Coachingwissen. Denn sie wissen nicht, was sie tun?, Wiesbaden 2009, Seite 207-225.
22. https://heuteistmusik.de/die-ultimative-steuer-board-liste/.
23. »Frag Ella«, Zeit Nr. 34, 2020.